校企合作财经商贸专业精品教材

现代企业管理

主审　周雅顺

主编　曾　鸿　曾　艳　李国彩

内容提要

本书主要介绍了现代企业管理的相关知识，共包括八个项目，分别为企业管理基础、战略管理、组织结构管理、人力资源管理、生产运作管理、营销管理、财务管理和管理创新。

本书结构清晰、内容丰富、通俗易懂、实用性强，可作为高等职业院校财经商贸类专业的教材。

图书在版编目（CIP）数据

现代企业管理 / 曾鸿，曾艳，李国彩主编. -- 上海：上海交通大学出版社，2024.6

ISBN 978-7-313-30287-8

Ⅰ. ①现… Ⅱ. ①曾… ②曾… ③李… Ⅲ. ①企业管理－高等职业教育－教材 Ⅳ. ①F272

中国国家版本馆CIP数据核字(2024)第049427号

现代企业管理

XIANDAI QIYE GUANLI

主　　编：曾　鸿　曾　艳　李国彩

出版发行：上海交通大学出版社　　地　　址：上海市番禺路951号

邮政编码：200030　　电　　话：021-64071208

印　　制：捷鹰印刷（天津）有限公司　　经　　销：全国新华书店

开　　本：787 mm×1092 mm　1/16　　印　　张：13.5

字　　数：312千字

版　　次：2024年6月第1版　　印　　次：2024年6月第1次印刷

书　　号：ISBN　978-7-313-30287-8

定　　价：45.00元

前言

PREFACE

随着世界经济的快速发展，现代企业正面临经济一体化和数字化转型的挑战。现代企业要想在激烈的市场竞争中保持优势地位，就必须适应社会发展的要求，构建适用于自身发展的管理制度和管理体系，还应树立创新意识，不断提升经营效率。

为了更好地满足职业教育对建设优质教材的要求，也为了培养高素质技能型人才，我们编写了本书。整体而言，本书具有以下特色。

德技双修，立德树人

党的二十大报告指出："育人的根本在于立德。"本书有机融入党的二十大精神，以培养高素质技能型人才为目标，既注重理论知识学习，又强调职业素质培养。通过学习本书，学生能够树立大局意识、竞争意识，培养计划、组织、领导、控制等企业管理能力。

理实结合，职业引领

本书在编写过程中将现代企业管理的理论知识与岗位实训有机结合，通过设计新颖的项目实训，培养学生的企业管理思维，提高学生解决问题的能力，为其日后从事企业管理工作打下坚实的基础。

体例新颖，结构合理

本书融入活页式理念，采用"项目—任务"式体例结构，形式新颖，内容丰富。每个任务均采用"任务导入—知识准备—任务实施"的结构编写，并在"知识准备"部分穿插了"知识视窗""课堂讨论"等栏目，同时在每个项目结尾设置了"项目实训""思考与练习"等体例。各任务环环相扣，理论知识与实践相辅相成，既能丰富教师的课堂教学形式，又能调动学生的学习积极性，提高学生的课堂参与度。

案例丰富，实用性强

本书以导入案例的形式引出任务内容，激发学生的学习兴趣；在知识讲解中穿插"案例拓展"，帮助学生理解重点内容；在"思考与练习"中设置案例分析题，帮助学生巩固所学知识。本书紧跟时代步伐，选取的案例具有权威性、前沿性，与现代企业管理实践紧密结合，能够全面提高学生分析问题和解决问题的能力。

数字资源，平台辅助

本书配有丰富的数字资源，读者可借助智能手机或其他移动设备扫描二维码观看微课，也可以登录文旌综合教育平台“文旌课堂”查看与下载本书配套资源，如微课视频、习题答案和优质课件等。读者在学习过程中有任何疑问都可登录该平台寻求帮助。

此外，本书还提供了在线题库，支持“教学作业，一键发布”，教师只需要通过微信或“文旌课堂”App扫描扉页二维码，即可迅速选题、一键发布、智能批改，并查看学生的作业分析报告，提高教学效率，提升教学体验。学生可在线完成作业，巩固所学知识，提高学习效率。

本书由周雅顺担任主审，曾鸿、曾艳、李国彩担任主编，郭卫、赵武学、霍志玮、李建华、井红霞、王驰担任副主编。在编写过程中，我们参阅了许多同类教材和相关资料，引用了大量案例，其中部分案例来源于互联网和一些非正式出版物。在此，向相关文献及案例资源的作者表示衷心的感谢。

此外，本书在正文中没有注明出处的案例均为自编或者根据真实事件改编。尽管我们在编写本书时已竭尽所能，但由于编者水平有限，书中存在的疏漏与不当之处敬请广大读者批评指正。

本书配套资源下载网址和联系方式

网址：https://www.wenjingketang.com

电话：400-117-9835

邮箱：book@wenjingketang.com

目录 CONTENTS

项目一　企业管理基础
——九层之台，起于累土

项目导读

企业管理是以企业管理工作中普遍适用的原理和方法为研究对象的综合性应用学科。某管理学家曾说：“企业管理就是确切地知道企业的经营目标，并使用最好的方法去实现。简单来说，企业管理即管理‘人’的行为，管理‘物’的状态，管理‘事’的结果，管理‘钱’的使用效率。”

本项目主要介绍企业管理的基础知识，包括企业与现代企业、管理与企业管理。

学习目标

知识目标

（1）了解企业的概念、设立的条件、特征及类型。

（2）了解现代企业的特征及现代企业制度。

（3）熟悉管理的概念与职能，企业管理的概念与内容，企业管理者的类型与责任。

能力目标

（1）识别不同企业的类型。

（2）明确企业管理者的责任。

素养目标

（1）增强管理意识，提高领导力。

（2）提高自身的决策能力和团队管理能力。

任务一　了解企业与现代企业

任务导入

合伙企业的起源

中世纪（欧洲封建时代）的海上贸易尤其远洋贸易是当时风险最大但利润十分丰厚的贸易。拥有大量财富的资本家，既不想去海上冒险，又想获得利益，而航海者拥有船只和胆量，但缺乏本钱。于是，一种叫作“康孟达”的商事契约应运而生。资本家和航海者约定，资本家出钱，航海者出力。盈利时，双方按照约定的比例分配利润；亏损时，航海者以个人身家和性命来承担无限责任，资本家则在出资范围内承担有限责任。这种组织形式类似于今天的合伙企业，资本家与航海者的关系也类似于现在的风险投资人与创业者的“对赌”关系。

（资料来源：张照国、王强儒，《我国建立有限合伙制度的必要性分析》，中国法院网，2006 年 4 月 11 日）

【思考题】

1. 什么是“康孟达”商事契约？
2. “康孟达”商事契约具有哪些特点？

一、企业的概念及设立的条件

从经济社会发展的角度来说，企业是社会生产力发展到一定水平的结果，是商品生产与商品交换的产物。

企业是为了满足社会需要和获取盈利，依照法定程序成立的，从事生产、流通、服务等经济活动，进行自主经营、享受权利和承担义务的经济组织。设立企业的条件如下。

（1）拥有一定的组织结构，有自己的名称、组织章程和固定的经营场所等。

（2）拥有一定数量的生产设备和资金。

（3）拥有一定数量的生产者和管理者。

（4）从事社会商品的生产、流通等经济活动。

（5）自主经营，独立核算，自负盈亏。

二、企业的特征及类型

（一）企业的特征

企业一般具有以下五个特征：经济性、社会性、独立性、营利性和竞争性。

1．经济性

一方面，企业是经济组织，从事生产商品和提供服务的经济活动，以谋求利润为基本目的。另一方面，依法成立的企业是市场中的经营主体，其通过交换来满足社会需要，并从中获得利润。

2．社会性

企业是社会组织，其不仅要满足顾客和用户的需要，还要满足与之有关的社会团体的需要。企业所从事的生产经营活动是社会化大生产的一个组成部分，与其他组成部分存在广泛的经济联系，同时，企业的发展也依赖于社会的进步和国家的富强。这决定了企业不能只为自身谋利益，而应兼顾各方面利益和承担社会责任。

3．独立性

企业是在法律上和经济上都具有独立性的组织。一方面，企业依法独立享有民事权利，独立承担民事义务、民事责任，与其他自然人、法人在法律地位上完全平等。另一方面，企业拥有独立的、边界清晰的产权，具有完全的经济行为能力和独立的经济利益，实行独立的经济核算。

4．营利性

企业如果没有盈利，企业的财产所有者和经营者就不能获得利益，他们也就没有经营好企业的积极性；企业如果没有盈利，就不能发展，很可能在市场竞争中消亡。因此，营利性是企业区别于政府机关、事业单位、公益组织和其他社会组织的本质特征。

5．竞争性

企业要想生存与发展，就必须参与市场竞争，并在竞争中取胜。企业的竞争性主要表现在其所生产的产品和提供的服务要有竞争力，要在市场上接受顾客和用户的评判、挑选，并得到社会的认可。

（二）企业的类型

根据不同的分类标准，企业可以分为不同的类型。

1．根据企业规模分类

企业规模一般由企业的生产能力、经营范围、营业收入、资产总额和从业人员数量等决定。根据企业规模的不同，企业可以分为大型企业、中型企业、小型企业和微型企业。针对不同行业，国家制定了大中小微型企业的划分标准。表 1-1 列举了个别行业的大型、中型、小型、微型企业的划分标准。

表 1-1 大型、中型、小型、微型企业的划分标准

行业名称	指标名称	计量单位	大型企业	中型企业	小型企业	微型企业
农、林、牧、渔业	年营业收入（Y）	万元	Y≥20 000	500≤Y＜20 000	50≤Y＜500	Y＜50
工业	从业人员（X）	人	X≥1 000	300≤X＜1 000	20≤X＜300	X＜20
	年营业收入（Y）	万元	Y≥40 000	2 000≤Y＜40 000	300≤Y＜2 000	Y＜300
建筑业	年营业收入（Y）	万元	Y≥80 000	6 000≤Y＜80 000	300≤Y＜6 000	Y＜300
	资产总额（Z）	万元	Z≥80 000	5 000≤Z＜80 000	300≤Z＜5 000	Z＜300
批发业	从业人员（X）	人	X≥200	20≤X＜200	5≤X＜20	X＜5
	年营业收入（Y）	万元	Y≥40 000	5 000≤Y＜40 000	1 000≤Y＜5 000	Y＜1 000
零售业	从业人员（X）	人	X≥300	50≤X＜300	10≤X＜50	X＜10
	年营业收入（Y）	万元	Y≥20 000	500≤Y＜20 000	100≤Y＜500	Y＜100

说明：大型、中型和小型企业必须同时满足所列指标的下限，否则下划一档；微型企业只需要满足所列指标中的一项即可。

数据来源：国家统计局官网

2. 根据企业所有制关系分类

根据企业所有制关系的不同，企业可以分为国有企业、集体所有制企业、个体私营企业、中外合资经营企业、中外合作经营企业和外商独资企业。

1）国有企业

国有企业的生产资料归全民所有，国家对国有企业的资本拥有所有权或者控制权。例如，中国邮政集团有限公司、中国电信集团有限公司、中国石油天然气股份有限公司等属于国有企业。国有企业兼具营利性和公益性的特点。营利性体现为国有企业追求国有资产的保值和增值，公益性体现为国有企业的设立通常是为了实现国家调节经济的目标。此外，国有资本能够节制私人资本，从而缩小贫富差距。

2）集体所有制企业

集体所有制企业是一定范围内的劳动群众集体拥有生产资料的所有权，共同劳动并实行按劳分配的企业，如农村合作经济组织、城镇手工业合作社、股份合作社等。

3）个体私营企业

个体私营企业是由自然人投资设立或由自然人控股，生产资料归私人所有，以雇用

劳动力从事独立生产经营活动的企业。目前我国的私营企业有独资企业、合伙企业、有限责任公司三种形式。

4）中外合资经营企业

中外合资经营企业是中国的和外国的经济组织或个人共同投资兴办的企业。其特点是合营各方共同投资、共同经营，按各自的出资比例共负盈亏、共担风险。

5）中外合作经营企业

中外合作经营企业是中国的和外国的经济组织或个人为确立和完成一个项目，根据平等互利的原则建立的契约式经营企业，如中外合作汽车制造企业、中外合作航空企业、中外合作石油企业等。

中外合作经营企业各方的权利和义务由共同签订的合同、协议所确定，一般不与各方的出资比例直接联系。

6）外商独资企业

外商独资企业是除土地外，全部由外国的经济组织或个人投资经营的企业，如苹果（中国）有限公司、资生堂（中国）投资有限公司。外商独资企业的所有权、经营权及利润全部归外国投资者所有。

3．根据生产要素所占比重分类

根据生产要素所占比重的不同，企业可以分为劳动密集型企业、资本密集型企业和技术密集型企业。

1）劳动密集型企业

劳动密集型企业是指生产需要的劳动力较多，技术装备水平较低，产品成本中劳动消耗占比较大的企业，如食品生产企业、日用百货生产企业等。

2）资本密集型企业

资本密集型企业是指投资额较大，技术装备水平较高，产品成本中劳动消耗占比较小的企业，如钢铁企业、汽车制造企业等。

3）技术密集型企业

技术密集型企业是指运用先进的科学技术手段从事生产经营活动，中、高级技术人员和科研人员在所有人员中占比较大的企业，如电子设备制造企业、软件开发企业等。

4．根据企业财产组织形式分类

根据企业财产组织形式的不同，企业可以分为独资企业、合伙企业和公司。

1）独资企业

独资企业是由一人出资、经营的企业，如个人工作室、个人诊所等。投资人以其个人财产对企业债务承担无限责任。独资企业不具有法人资格。

2）合伙企业

合伙企业是两人或多人订立合伙契约，共同出资、合伙经营、共享收益、共担风险的企业，如合伙型的律师事务所、会计师事务所等。合伙人对合伙企业承担无限连带责任。合伙企业不具有法人资格。

3）公司

公司是指两个以上的经济组织或个人经法律批准而成立的法人企业，包括有限责任公司、股份有限公司等形式，如小米科技有限责任公司、中国平安保险（集团）股份有限公司等。公司实现了财产权与经营权的分离，并以其全部自有资本为限对公司的债务承担责任。

课堂讨论

公司和企业有什么区别？

公司和企业的区别

三、现代企业的特征

现代企业是相对于传统企业而言的，其产生于19世纪后期，是现代市场经济与社会生产力发展的必然产物，能够适应经济社会发展的客观要求，具有以下典型的特征。

（1）现代企业比较普遍地运用机器与现代科学技术手段来开展生产经营活动，如有些现代企业会运用大数据技术和工业机器人来开展生产经营活动，生产机械化、自动化、信息化、智能化的程度较高。

（2）现代企业内部分工协作的规模和精细程度较高，劳动效率逐渐提高。

（3）经营活动的营利性和经济性。营利性是现代企业生存与发展的基础条件，也是现代企业区别于其他组织的显著标志。经济性表现为现代企业参与经济活动，通过为消费者提供商品或服务来实现企业价值增值的目标。

（4）环境适应性。现代企业同外部环境之间的关系日益密切，其生存和发展离不开一定的外部条件。

知识视窗

现代企业与传统企业的比较如表1-2所示。

表1-2　现代企业与传统企业的比较

项目	现代企业	传统企业
法律形式	企业法人	自然人
承担责任	有限责任	无限责任
产权结构	所有权与经营权分离	所有权与经营权合一
管理方式	以现代化管理为主	以家族式管理为主
企业形式	以公司为主	以个体、独资和合伙企业为主

四、现代企业制度

（一）现代企业制度的主要内容

现代企业制度是以市场经济为基础，以企业法人制度为主体，以公司制度为核心，以产权清晰、权责明确、政企分开、管理科学为条件的新型企业制度。现代企业制度包括现代企业产权制度、现代企业组织制度和现代企业管理制度。

1．现代企业产权制度

现代企业产权制度是现代企业制度的一项核心内容，它既包括针对出资者建立有限责任制度，以维护出资者的权益；也包括针对企业建立企业法人制度，以强化法律责任，维护市场经济秩序。它的实质是建立出资者所有权和企业法人财产权分离的产权配置格局，把自负盈亏的责任归于企业，促使企业根据市场供求关系和价值规律，支配、使用、处置自己的资产，从而盘活资产存量，实现有效增值。

2．现代企业组织制度

现代企业组织制度是在企业法人制度基础上形成的法人治理结构，也是企业在长期的市场经济发展过程中，为了满足自身的发展需要而逐步建立起来的一套完整的办事规程。它包括企业组织机构的章程、程序、标准等。在该组织制度下，企业形成了一种以众多股东的个人意志和利益要求为基础的组织意志，并以这种组织意志来独立地开展经营活动，而企业全体成员必须按照制度分工协作，行使职权并履行责任。

3．现代企业管理制度

现代企业管理制度是企业针对管理活动所做的制度安排，包括经营目标、理念、战略，以及企业对管理组织和业务职能部门的规定。要想建立现代企业管理制度，企业就要适应生产力发展的客观规律，按照市场经济发展的需要，积极应用现代经营管理的思想、理论和科学技术，从而提高管理效率，创造更大的经营效益。

（二）现代企业制度的特征

1．产权明晰

产权明晰是指产权概念清晰，产权边界清晰。第一，要明确企业与出资者、法人、经营者之间的基本财产关系，厘清企业的产权关系；第二，企业要有所有权与经营权科学分离的机制，保证企业所有者拥有企业的财产，企业管理者管理企业的经营活动，使管理更加科学、合理。如果做不到上述两点，就容易发生产权归属纠纷问题。在产权变动时，无人对企业产权真正负责，导致资产经营效率低下，甚至资产流失。

2．权责明确

为了满足权责明确的要求，企业依据法律法规确立出资者和企业法人对企业财产分别拥有的权利、承担的责任和各自履行的义务。出资者根据对企业的出资额依法享有股东的各项权利，同时对企业债务承担有限责任。企业法人拥有法人财产权，以全部法人财产独立享有民事权利，承担民事责任，依法自主经营。

3. 政企分开

政企分开表现为企业与政府的职能分离，企业与政府之间建立起适应社会主义市场经济体制的新型的政府与企业的关系。具体来说，政府通过宏观调控国民经济的方式，间接干预企业的生产经营活动。企业受政府的间接干预，但拥有经营管理的自主权。

4. 管理科学

管理科学表现为现代企业建立科学、系统的管理制度，通过实施各种管理手段、管理方法，在所有者、经营者和劳动者之间建立起一种既相互配合又相互制约的协作关系。具体来说，企业应明确经营目标，通过有效的分工实施经营战略，从而提高企业效率，并为客户提供可靠的产品和服务。

任务实施

以个人或者小组（每组 2～4 人）为单位开展企业调查活动。借助互联网，调查本省及相邻省份的知名企业。根据不同的分类标准，对这些企业进行分类，并将分类结果以表格的形式展示出来。

任务二　了解管理与企业管理

任务导入

空降的管理者如何快速融入团队

张某应老朋友的邀请到一家新的公司担任部门经理。她来到新部门后，发觉这里的氛围非常微妙。一方面，大家表面上对她客气，实际上有意疏远她；另一方面，团队成员按照以前的习惯与模式开展工作，她对此并不了解。大家未建立信任基础，工作的时候会有所顾虑，不敢放手去做。

为了快速融入团队，张某先以团队活动为切入点，让团队成员了解并认可自己，熟悉彼此的工作习惯和模式。接着，她在工作中展现自己的做事风格和待人方式，增进与团队成员之间的理解和信任。最后，在和团队成员建立信任基础后，她逐渐调整团队的分工，提高团队的工作效率。经过几个月的磨合，张某带领团队优化升级，和团队成员一起克服许多困难，获得了令人骄傲的业绩。

【思考题】

1. 如果你是一个空降的管理者，你会如何管理新的团队？

2. 从张某身上，你学到了哪些管理知识？

一、管理概述

（一）管理的含义及对象

管理是在一定的组织环境下，为了实现既定的组织目标，对组织所拥有的资源进行有效的计划、组织、领导和控制的过程。

要想更好地理解管理的概念，必须把握管理的基本要素，如图 1-1 所示。

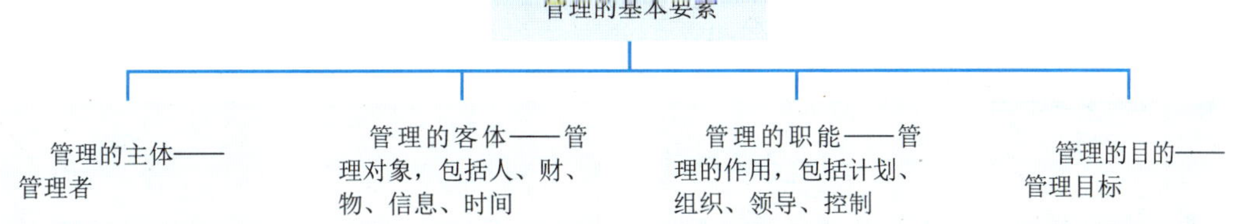

图 1-1　管理的基本要素

（二）管理的职能

管理的职能是指管理者在协调组织成员的意见和行动的不一致时所体现出来的具体功能。管理的职能一般被简化为计划、组织、领导和控制四种，如图 1-2 所示。

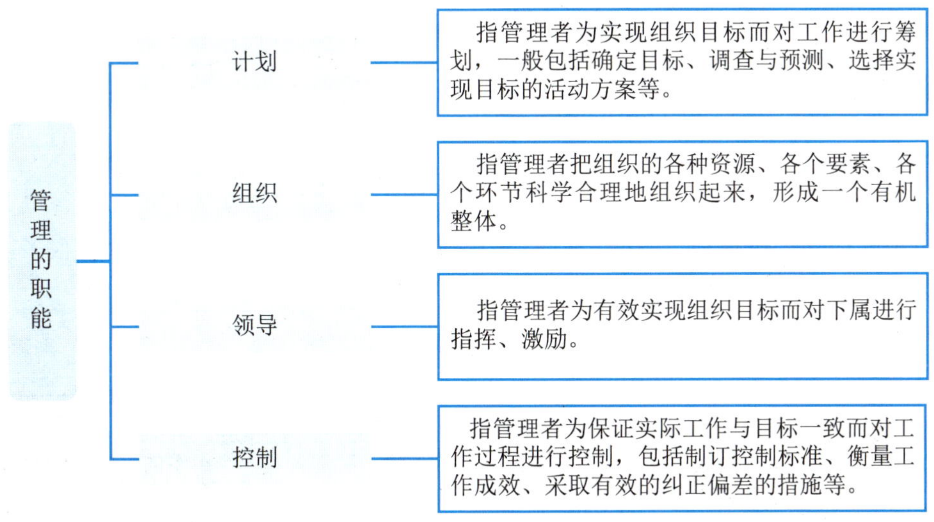

图 1-2　管理的职能

（三）管理的性质

管理的性质包括自然属性与社会属性、科学性与艺术性。

1. 自然属性与社会属性

一方面，管理具有同生产力、社会化大生产相联系的自然属性；另一方面，管理具有同生产关系、社会制度相联系的社会属性。管理的自然属性与社会属性辩证统一，既相互联系又相互制约。

以古鉴今：诸葛亮的管理艺术

2. 科学性与艺术性

管理是科学性与艺术性的有机统一。管理的科学性反映了管理学的学科特点和客观规律。管理的艺术性表现为管理者在管理实践活动中灵活地运用管理原理，巧妙地选择管理方法。

案例拓展

灵活的考勤打卡制度

某公司最近实行了一种灵活的考勤打卡制度。每周五下班的时候，员工把自己的工卡放入打卡器，打卡器就自动显示员工本周的工作时长，只要符合每周 40 个小时的工作时长即为符合标准。公司只考核员工的工作成果，不规定具体的工作时间，只要员工在规定的期限内完成工作任务，公司就照付薪金，并按工作质量发放奖金。这样一来，员工不仅可以免受交通拥挤之苦，而且可以根据工作任务和个人情况确定上下班时间。灵活的考勤打卡制度让员工感到个人的权益受到了尊重，因而产生了强烈的责任感，提高了工作的热情，企业也因此受益。

思考：结合上述案例，谈谈你对管理的科学性与艺术性的理解。

（四）管理者的角色

管理者是指在组织中具有某种权力，能够运用自己的管理知识和能力进行决策，为协调组织的活动提供管理贡献的人。管理者在组织管理活动中扮演的角色有很多，大致可以分为三类，如表 1-3 所示。

表 1-3　管理者的角色

角色		具体描述
人际角色	首脑	首脑是管理者所担任的最基本的角色。管理者是一个组织的权威人物和象征，所以必须履行一些具有礼仪性质的职责。例如，出席一些法律性和社交性的活动仪式，其代表公司签署法律文件、合同或为公司剪彩、致辞等
	领导者	管理者对所在组织的成败负有重要的责任，所以其必须在组织中扮演领导者的角色，承担激励和动员下属、配备组织人员、组织培训等职责

（续表）

角色		具体描述
人际角色	联络者	管理者不仅要协调组织内部各个部门之间的关系，还要协调组织与外部（供应商、客户等）之间的关系，所以其必须在组织中扮演联络者的角色
信息角色	洞察者	管理者需要透彻地了解外部环境和组织的经营状况，也需要及时获取各种对组织有用的信息，所以其必须在组织中扮演洞察者的角色。具体表现为管理者需要经常阅读各种报纸杂志、政府工作报告和财务报表等，并与有关人员保持私人接触
	传播者	管理者将其作为洞察者所获取的大量信息传递出去，把重要信息传递给组织内部成员，必要时也需要隐藏一些特定信息
	发言人	作为发言人，管理者需要把组织信息（如组织的计划、经营成果等）传递给组织之外的人或机构，使其了解组织的发展状况。例如，管理者可能需要向媒体发布信息、向董事会和股东说明财务信息和战略方向、对外界进行演讲等
决策角色	企业家	作为企业家，管理者要充当组织改革的发起者和主导者，积极寻找新机会，制订改革创新实施方案，监督方案的执行过程，不断开发新项目、新产品、新服务
	冲突管理者	作为冲突管理者，管理者必须善于处理组织运作过程中的矛盾和冲突。例如，当组织面临重大危机时，管理者负责开展危机公关并采取相应的补救措施，及时消除负面影响
	资源分配者	作为资源分配者，管理者需要合理分配组织的各种资源，使其发挥最大作用。这些资源包括但不限于人力、物力、财力、信息和其他资源
	谈判者	作为谈判者，管理者在谈判项目中作为企业的代表，负责协调组织内部员工之间、组织与外部竞争者之间的关系。管理者的谈判对象主要包括员工、供应商、客户等

课堂讨论

在下列活动中，管理者分别扮演什么角色？

（1）董事长张某迎接国外代表团到访。

（2）生产部李经理在周一例会上下达本周生产任务，并对各车间的生产工作进行统筹安排。

（3）采购部刘经理与供应商洽谈采购设备、购买原材料等事宜。

（4）总经理王某通过发布会的形式向外界发布企业的计划、方案等信息。

（5）人事部陈经理在校园招聘会上招聘了一批大学生，准备为这批大学生安排为期三天的入职培训。

（6）人事部赵经理就公司内部员工发生的打架斗殴事件发布通报，并对相关人员进行处理。

二、企业管理概述

（一）企业管理的概念与内容

1. 企业管理的概念

企业管理是企业的管理者按照客观规律，对企业生产经营过程中的一系列活动进行的计划、组织、指挥、监督和协调等工作的总称。

企业管理的目的是尽可能利用企业的人力、物力、财力、信息等资源，实现企业的经营目标，争取达到更高的投入产出效率。

2. 企业管理的内容

企业管理主要包括以下内容。

（1）战略管理。企业管理者通过战略管理对企业的发展方向、目标、任务进行判断、评估和调整。

（2）组织结构管理。企业管理者为了实现企业的经营目标，梳理企业运作流程、企业内部各个部门的对接流程、企业管理层次等，并在此基础上，设计企业组织结构，确定部门职责。

（3）人力资源管理。企业管理者通过人力资源管理开展人员的招聘、培训、考核及薪酬激励等活动。

（4）生产运作管理。企业管理者通过生产运作管理开展生产计划管理、采购管理、生产质量控制及物流管理等活动。

（5）市场营销管理。企业管理者通过市场营销管理开展市场调查、目标市场选择、营销策略选择等活动。

（6）财务管理。企业管理者通过财务管理开展筹资管理、投资管理、成本控制、利润管理及财务报表分析等活动。

（7）管理创新。企业管理者对企业的经营思路、目标、文化、制度、组织结构、管理方式、技术等进行管理创新，从而提升企业的管理效率。

（二）企业管理者的类型与责任

1. 企业管理者的类型

不同的企业管理者处于不同的管理岗位上，负责不同的管理活动，表现出不同的管理风格。根据不同的划分标准，企业管理者可以划分为不同类型。

1）根据管理者在企业中所处的层级分类

根据管理者在企业中所处层级的不同，管理者可以分为高层管理者、中层管理者和基层管理者，如表 1-4 所示。

表 1-4　根据管理者在企业中所处的层级分类

管理者类型	概念	主要职责
高层管理者	一个企业的高层管理者，对整个企业的管理工作负有全面的责任，必须关注企业的长期发展，包括企业的生存、成长、总体效率、经营风险等	制订企业的总体目标和战略，把握企业的发展方向，调配企业的资源，并负责提升企业的业绩
中层管理者	位于高层管理者和基层管理者之间，负责将高层管理者制订的总目标和计划转化为更加具体的目标和活动	贯彻执行高层管理者所制订的重大决策，监督和协调基层管理者的工作
基层管理者	又称“运作管理者”“一线管理者”，是监督企业运作的人员，直接面对企业内部非管理性质的员工，执行中层管理者制订的具体计划	给员工分派具体的工作任务，现场指挥和监督员工工作，保证各项任务的圆满完成

2）根据管理者所从事的工作领域分类

根据所从事工作领域的不同，管理者可以分为综合管理者和专业管理者，如表 1-5 所示。

表 1-5　根据管理者所从事的工作领域分类

管理者类型	概念
综合管理者	负责管理整个企业或企业中某个事业部全部活动的管理者，如总经理、地区经理等
专业管理者	又称“职能管理者”，指仅负责管理某一类活动（或职能）的管理者。根据所管理的专业领域的性质，专业管理者又可以分为生产部门管理者、营销部门管理者、人事部门管理者、财务部门管理者等

3）根据管理者的职责分类

根据职责的不同，管理者可以分为决策者和参谋者，如表 1-6 所示。

表 1-6　根据管理者的职责分类

管理者类型	概念	主要职责
决策者	在企业的各层次中拥有决策权、指挥权的管理者	负责企业内部各层次的管理任务，拥有直接调动下级人员、安排各种资源的权力
参谋者	为各级决策者提供决策依据的智囊人员	收集、管理和提供与决策相关的各种信息，为决策者提供合理的建议和方案

4）根据管理者对企业的影响程度分类

根据对企业影响程度的不同，管理者可以分为战略管理者和战术管理者，如表 1-7 所示。

表 1-7 根据管理者对企业的影响程度分类

管理者类型	概念
战略管理者	对企业现在或未来的重大事件、发展方向起决定作用的管理者，如董事会成员、高层管理者、各事业部或职能部门经理等
战术管理者	接受管理任务，并进行具体事务管理的管理者，如各事业部或职能部门主管、专门从事检验工作的监督人员等

2. 企业管理者的责任

企业管理者是企业的决策者、参谋者和各项活动的统一领导者，承担以下重要责任。

1）确立企业的目标与计划

目标是否正确、计划是否科学，关系着企业经营的成败，关系着企业的前途与命运。因此，企业管理者要制订切实可行的目标与计划，激励企业员工奋发向上。企业目标可以分为长期目标与短期目标，还可以分为总体目标与部门目标。企业管理者通过制订目标和计划来安排企业的经营活动，引导企业通过最佳途径实现既定目标。

2）建立并完善企业的组织结构

只有建立并完善企业的组织结构，充分发挥各部门的作用，同时保证企业整体达到较高的效率，才能更好地实现企业目标。因此，企业管理者需要根据企业的目标和任务，不断地完善企业的组织结构。

3）配备重要的企业管理人员

高层管理者要充分重视管理人才的质量，重视管理人才的选拔、培训、考核及成长。高层管理者应该通过配备重要的企业管理人员来管理企业组织、企业运作、企业员工等。

4）实现对企业全局的有效领导和控制

在企业的目标和计划确定之后，企业管理者要安排全体员工去执行这些目标和计划。企业管理者要从劳动的分工协作、时间、空间等方面组织好管理活动的各个要素和环节，合理分配任务，定期检查执行情况，从而保证任务的执行情况没有偏离目标和计划的要求，同时使企业不断适应客观条件的变化。

5）实现对企业整体的有效协调

在企业的经营活动中，各部门或者员工之间不可避免会发生一些矛盾。企业管理者应及时发现并解决这些矛盾，保障企业各部门相互配合、紧密衔接、运转流畅，从而促使企业的目标和计划顺利实现。协调的形式有内部协调和外部协调，协调的对象既包括人、财、物，也包括各种关系。

任务实施

以小组（每组 2～4 人）为单位，组织头脑风暴会议或角色扮演游戏，讨论并解决以下问题。

（1）公司成立新部门，部门负责人如何促进部门成员之间的合作？

（2）部门成员出现冲突，部门负责人如何解决冲突？

（3）面对一个绩效不达标的员工，部门负责人如何管理和激励他？

（4）乔编辑将编写一本稿件的任务分给了钱教授、小王和大刘。钱教授因参考资料的数据不准确批评小王，让他重新核实数据并收集案例。小王说这些工作是由大刘负责的，于是他找到大刘并与其沟通，但是大刘表示工作任务重、时间紧，他每天忙得不可开交，没有时间重新核实数据。假如你是乔编辑，你会如何与他们沟通？

项目实训——调研某公司的管理情况

一、实训背景与内容

小张打算在大学毕业后创立一家公司，虽然他已经掌握大量的企业管理基础知识，但是缺乏实践经验，没有真正地管理过公司。因此，小张决定先了解现实中的企业是如何运作的，进而分析企业经营成功与不善的原因，学习企业管理者的成功经验。

假如你是小张，请选择一家或多家企业进行调研，采用多种方法调查企业的管理情况，总结企业管理的经验。

二、实训目的

通过本次实训，加深对企业管理基础知识的认识，深刻理解企业管理的重要性，并将理论知识运用到实际工作中。

三、实训步骤

（1）分组、分工。3～6 人一组，选出组长。组长结合小组成员的特长，确定任务分工。将小组成员及分工情况填入表 1-8 中。

表 1-8　小组成员及分工情况

班级：　　　　　　　　　　组号：　　　　　　　　　　教师：

小组成员	姓名	学号	任务分工
组长			
组员			

（2）选择企业，进行分析。首先，采用实地走访、座谈交流、查阅资料等多种方式，充分运用互联网、大数据等现代信息技术开展调查，了解企业的经营内容、经营过程中遇到的问题及解决方法。然后，将调查到的资料整理成可供参考的信息。最后，总结并分析企业管理者的成功经验及管理过程中的不足。

（3）制作 PPT。将总结、分析的内容以 PPT 的形式展示出来，PPT 的页数不少于 15 页。

（4）演讲汇报。以抽签的方式确定汇报顺序，组长上台汇报本组分析结果，教师和其他同学可以提问或发表意见。

（5）各小组互评并打分。

（6）教师点评并打分。

四、实训评价

各小组配合教师完成如表 1-9 所示的实训评价表。

表 1-9　实训评价表

评价指标	评价标准	分值	评价分数		
			自评	互评	师评
综合素质（30%）	具有团队精神，积极与他人合作	5			
	具有创新能力和自主探究学习的意识	5			
	学习态度认真，课堂表现积极	10			
	按时完成实训任务	10			
知识与技能（70%）	掌握企业管理基础知识	10			
	采用多种调查方法，深入调查企业的管理状况	15			
	准确分析企业经营成功或经营不善的原因	15			
	汇报语言流畅、有条理	10			
	PPT 重点突出、详略得当、制作精美、图文并茂	20			
合计		100			
总评	自评（20%）+ 互评（20%）+ 师评（60%）=	学生（签名）：			
		教师（签名）：			

思考与练习

一、单选题

1. （　　）是企业区别于政府机关、事业单位、公益组织和其他社会组织的最本质的特征。

A. 营利性　　B. 经济性　　C. 竞争性　　D. 合法性

2. （　　）是现代企业制度的核心。

A. 现代企业产权制度　　B. 现代企业管理制度

C. 现代企业组织制度　　D. 全体员工

3. 管理的（　　）表现为管理者在管理实践活动中灵活地运用管理原理，巧妙地选择管理方法。

A. 科学性　　B. 自然属性

C. 艺术性　　D. 社会属性

二、多选题

1. 根据生产要素所占比重的不同，企业可以分为（　　）。

A. 劳动密集型企业　　B. 技术密集型企业

C. 资本密集型企业　　D. 生产型企业

2. 现代企业制度的特征包括（　　）。

A. 权责明确　　B. 政企分开

C. 管理科学　　D. 产权明晰

3. 管理的职能包括（　　）。

A. 计划　　B. 领导

C. 组织　　D. 控制

三、判断题

1. 想要设立一个企业，必须拥有一定的资金、设备和固定的经营场所。（　　）

2. 独资企业的投资人以其个人资产对企业债务承担有限责任。（　　）

四、简答题

1. 简述现代企业的概念及特征。

2. 简述管理的职能。

3. 简述管理者的责任。

五、案例分析题

管理风格

某建筑工程公司是一家大型施工企业，该公司设立了一个工程设计研究所和三个建筑施工队。工程设计研究所由30名高、中级职称的专业人员组成；建筑施工队由400名员工组成，除少数骨干外，多数员工的文化水平不高，没有接受过专业训练。

王总经理把工程设计研究所的工作交给赵副总经理全权负责。赵副总经理是一位高级工程师，他知识渊博，工作作风严谨。在工作中，他总是认真听取众人的意见。公司下达的工程设计任务和研究所的科研课题，都是在所有成员共同讨论、达成共识的基础上开展的。他注重发挥每个人的专长，鼓励大家取长补短、相互协作。在他的领导下，大家的工作积极性很高，大家的聪明才智也得到了充分发挥，年年超额完成工作计划，在科研方面取得了显著成绩。

公司建筑施工队的工作由王总经理亲自负责。王总经理当过工程兵，是一名复员转业军人，他为人正派，工作作风强硬，对员工要求严格。对于不符合质量标准的工程，坚决要求员工返工；对于不按期完成任务的员工，扣发奖金；对于在工作中相互打闹、损坏工具、浪费工料、偷懒耍滑的员工，进行严厉的批评、处罚。有些人对王总的这种不讲情面的管理方式很不满意，偷偷给他取名“王军阀”。王总坚持认为，若不改变员工素质低、自由散漫的现象，企业将难以长期发展。于是，他亲自“抓”员工的专业技能培训工作。在王总经理的严格管理下，建筑施工队的工作效率和工程质量迅速提高，他们还打造了全市优质样板工程，受到了市政府的嘉奖。

思考：

（1）从管理职能的角度出发，分析王总经理和赵副总经理主要发挥了哪些管理职能。

（2）这两种管理方式孰优孰劣？为什么王总经理和赵副总经理都能在工作中取得好成绩？

项目二　战略管理
——运筹帷幄，决胜千里

项目导读

企业战略管理是针对一个企业的未来发展制订决策并实施决策的动态管理过程，包括战略分析、战略方案的选择、战略的实施和控制等环节。简单来说，企业战略管理就是企业管理者为取得竞争优势，对做什么、如何做所进行的探索过程。

本项目主要介绍现代企业战略环境的分析，现代企业战略的选择与实施。

学习目标

知识目标

（1）掌握现代企业战略环境分析的内容。

（2）掌握现代企业宏观和微观环境分析的方法。

（3）了解现代企业战略的内容和战略管理的过程。

能力目标

（1）学会分析现代企业的宏观和微观环境。

（2）能够选择正确的现代企业战略。

素养目标

（1）树立大局意识，以长远的眼光看待形势，分析问题。

（2）培养竞争意识、合作意识。

任务一　分析现代企业战略环境

任务导入

某咖啡企业的战略环境

近几年，中国咖啡产业的发展与升级势头十分迅猛，中国咖啡产业的增长率已经超出全球咖啡市场增长率均值的五倍之多，巨大的市场需求不断释放，且市场需求的增长空间在未来也只增不减。

某咖啡企业是中国新零售咖啡企业的典型代表，致力于成为中国领先的高品质咖啡品牌和专业化的咖啡服务提供商。它利用先进的信息技术来提升企业核心竞争力，设立了厦门研发中心、北京研发中心。该咖啡企业凭借优选的产品原料、精湛的咖啡工艺、创新的商业模式、领先的移动互联网技术，为广大消费者带来高品质的咖啡消费新体验，推动咖啡文化在中国的普及和发展。

【思考题】

1. 上述案例中描述的咖啡企业有哪些资源？
2. 尝试分析该咖啡企业的战略环境。

一、宏观环境分析

对宏观环境的变化做出正确的预测，是企业能够获得成功的前提。企业宏观环境包括政治、经济、社会文化、技术等因素。通过对宏观环境因素进行分析，企业可以明确自身面临的机会与威胁，从而决定自身的发展方向。常见的宏观环境分析方法有 PEST 分析法、“五力模型”分析法、外部因素评价矩阵分析法。

（一）PEST 分析法

宏观环境具有企业不可控制的外部力量，对企业的影响很大。企业在分析宏观环境因素时，可以采用 PEST 分析法。PEST 分析法主要是对政治（politics）、经济（economy）、社会文化（social culture）、技术（technology）四大因素进行分析，如表 2-1 所示。

PEST 分析法

表 2-1 PEST 分析法的主要内容

因素	分析内容
政治因素	一个国家或地区的政治制度、方针和基本政策等
经济因素	影响企业生存和发展的社会经济状况，包括经济发展水平、经济政策和经济结构等
社会文化因素	企业所处地区的社会结构、人口规模与地理分布，以及人们的风俗习惯、宗教信仰、价值观念、行为规范、生活方式等
技术因素	一个国家或地区的科学研究水平、促进科技创新的政策、创新能力等

【例 2-1】用 PEST 分析法，对“任务导入”中的咖啡企业面临的宏观环境进行分析，如表 2-2 所示。

表 2-2 某咖啡企业的宏观环境分析

分析方向	具体内容	影响
政治因素	（1）《中华人民共和国企业所得税法》修订，政府发布企业所得税优惠政策； （2）电子商务市场发展逐渐规范	（1）企业的税务负担减轻，政府为企业提供大规模的资金支持； （2）企业获得较为稳定的发展环境
经济因素	（1）居民消费观念转变，非食物性支出增加； （2）居民可支配收入增加	（1）咖啡市场发展空间扩大，潜在用户群体增加； （2）市场焕发活力，企业扩大生产规模
社会文化因素	（1）城乡差距依然存在； （2）消费者的消费渠道多元化	（1）目标市场主要集中在一、二线城市； （2）发展新零售模式
技术因素	（1）专业机构发布消费数据； （2）出现多种智慧管理技术	（1）开展精准营销； （2）企业管理数据化、科学化

（二）“五力模型”分析法

按照管理学家迈克尔·波特的“五力模型”分析法，一个行业的竞争程度和行业潜力由五个方面的因素决定，即供应商的议价能力、购买者的议价能力、新进入者的威胁、替代品的威胁、同行业竞争者的竞争程度。

1. 供应商的议价能力

企业生产所需的许多要素都是从供应商手中获取的。供应商主要通过提高要素价格与降低要素价值的手段来增加利润，这会影响企业的盈利能力与产品竞争力。

行业存在下列情况时，供应商具有较强的议价能力。

（1）供应商具有雄厚的实力，并占有一定的市场份额。

（2）对企业来说，供应商提供的产品很重要。

（3）供应商提供的产品存在差别，企业更换产品需要付出较高的成本。

2. 购买者的议价能力

购买者希望所购买的产品物美价廉，同时希望销售人员服务周到。因此，他们总是压低价格，要求企业提高产品质量和服务水平。这使得企业相互竞争、相互压价，导致企业利润减少。

行业存在下列情况时，购买者具有较强的议价能力。

（1）购买者的需求量大，且持续增长。

（2）购买者更换产品不需要付出较高的成本。

3. 新进入者的威胁

新进入者会凭借自身的生产能力和物质资源，取得一定的市场份额，因此，新进入者会对现存企业构成威胁，这种威胁的大小主要取决于行业进入壁垒的高低。行业进入壁垒越高，新进入者对现存企业的威胁就越小。

4. 替代品的威胁

替代品的价格越低、质量越好、购买者更换产品的成本越低，则替代品所带来的威胁越大。企业可以通过考察替代品的销售增长率、替代品生产者的生产能力与盈利扩张情况来确定替代品所带来的威胁。

5. 同行业竞争者的竞争程度

同行业竞争者的竞争程度主要取决于竞争对手的数量、行业增长的速度、行业产品差别等。行业存在下列情况时，同行业之间的竞争会很激烈。

（1）行业内有大量的竞争对手。当行业内竞争对手的数量较多时，各企业不得不积极行动，抢占市场份额，从而形成激烈竞争的局面。

（2）行业增长缓慢。在行业增长缓慢、市场需求不足时，企业会试图“抢”竞争对手的客户来扩张自身的市场份额，这样会使市场竞争非常激烈。

（3）行业的产品没有差别。购买者在购买无差别产品时会注重产品的价格和服务，这样会使生产者在价格和服务方面展开激烈的竞争。

课堂讨论

谈一谈咖啡行业的竞争状况，选出你比较喜欢的咖啡品牌，并说明理由。

（三）外部因素评价矩阵分析法

外部因素评价矩阵（external factor evaluation matrix，简称“EFE 矩阵”）的基本原理是从机会和威胁两个方面找出影响企业未来发展的关键因素，再根据各关键因素对企业影响程度的大小确定权重，然后按照企业对各关键因素的有效反应程度对各关键因素进行评分，最后算出企业的总加权分值。借助外部因素评价矩阵分析法，企业可以把自身所面临的机会与威胁进行汇总，从而全面认识所掌握的各种环境信息。

建立 EFE 矩阵的步骤如下。

（1）列出企业外部环境中的关键因素（10～15 个为宜），包括影响企业和其所在行业的机会与威胁。

（2）依据各关键因素在企业生产过程中的相对重要程度，赋予各关键因素权重：0.0（不重要）～1.0（重要），要求各关键因素权重之和为 1。

（3）根据企业现行战略对各关键因素的有效反应程度为各关键因素评分，评分范围为 0～4 分，4 分代表反应很好，1 分代表反应很差。

（4）将各关键因素的权重与相应的评分相乘，即得到各关键因素的加权分值。

（5）将各关键因素的加权分值相加，即得到企业的总加权分值。

根据以上步骤可知，对于任何一个企业来说，其总加权分值的取值范围为 1.0～4.0 之间，平均值为 2.5。总加权分值越高，则说明企业对现有机会与威胁做出了较好的反应。总加权分值越低，则说明企业不能有效利用外部机会或抵消外部威胁。

【例 2-2】某通信公司是一家专注于移动增值业务的服务提供商，主要业务为经营短信平台、音乐下载平台及手机游戏等。该公司目前已有近千名员工，年营业收入额过亿，已在海外上市，发展前景较好。但是，该公司也面临着很多威胁。使用外部因素评价矩阵分析法对该公司的外部环境进行分析，如表 2-3 所示。

表 2-3　外部因素评价矩阵分析法

关键因素		权重	评分	加权分值
机会	（1）移动增值服务市场增长迅速	0.10	3	0.30
	（2）年轻人的消费能力不断增加	0.05	4	0.20
	（3）人们花在通勤、参加会议等活动上的时间增加	0.10	2	0.20
	（4）5G 网络将提供更大的市场空间	0.05	1	0.05
	（5）内容提供商大量涌入，提供视频、音频、游戏等内容	0.05	2	0.10
	（6）海外上市使公司获得了巨大的资金支持	0.10	4	0.40
威胁	（1）移动运营商的产业链延伸	0.20	2	0.40
	（2）内容提供商的产业链延伸	0.05	3	0.15
	（3）人们对资费陷阱和不良信息反感，产生社会舆论方面的负面影响	0.15	2	0.30
	（4）技术发展导致行业门槛降低	0.10	1	0.10
	（5）海外上市导致管理成本上升	0.05	3	0.15
总计		1.00	—	2.35

由表 2-3 可得，该公司的总加权分值为 2.35，低于平均值。这说明该公司在利用外部机会、抵消外部威胁方面，做得并不好。

二、微观环境分析

（一）竞争对手分析

企业调查并分析竞争对手的目的包括确认本企业的市场地位和优势，制订正确的竞争策略；了解竞争对手的优势，取长补短；保证与竞争对手在目标市场的选择与产品档次、价格、服务策略上有所差别，与竞争对手形成良好的互补经营关系。

竞争对手分析要求企业对每一个竞争对手做出深入、详细的分析，揭示每个竞争对手的长远目标、基本假设、现行战略和竞争力，如表 2-4 所示。

表 2-4　竞争对手分析

分析方向	具体内容
竞争对手的长远目标	竞争对手所追求的盈利目标、关于市场地位的总体目标等
竞争对手的基本假设	竞争对手对自身产品的质量、成本、技术等关键问题的评价，对产品未来发展的预测，对其他竞争者的评价等
竞争对手的现行战略	竞争对手的总体战略、竞争战略、市场营销策略及实施情况等
竞争对手的竞争力	竞争对手的产品研发能力、对市场的反应能力等

（二）企业自身因素分析

企业自身因素包括企业资源、综合能力等因素。企业自身因素分析的目的在于掌握企业的发展状况，明确企业的优势和劣势。它能促使企业制订有针对性的战略，有效利用自身资源，最大化地发挥自身优势；同时，促使企业采取积极的态度改进自身的劣势。

1. 企业资源

企业资源是指企业在生产经营过程中投入的各种要素，如资金、设备、人员、技术等。企业资源可以是有形的，也可以是无形的。

有形资源是可见的、可以量化的资源，易于被识别和估价。无形资源和人力资源是企业长期积累下来的，不易量化的资源，较难被竞争对手购买、模仿或替代。因此，企业更愿意将无形资源和人力资源作为核心竞争力的基础。企业资源的种类及含义如表 2-5 所示。

表 2-5 企业资源的种类及含义

种类		含义
有形资源	财务资源	企业的营业收入、流动资金等
	实物资源	厂房、设备、原材料等
	技术资源	企业所拥有的技术及知识产权，如专利、商标、版权等
	组织资源	企业的组织结构及其计划、控制、协调系统
无形资源	商誉	企业的品牌和商标在消费者、供应商心中的认可度；企业产品和服务的质量和可靠性
	社会关系	企业与政府、政府代理机构及社区的关系
人力资源		具有体力劳动能力和脑力劳动能力的员工的总和

2. 企业的综合能力

企业的综合能力是指企业在生产、销售、财务和管理等方面的能力的总和，是企业核心竞争力的来源。综合能力分析是企业制订新业务发展战略的重要前提之一。

从职能角度分析，企业的综合能力主要包括生产运营能力、营销能力、财务能力和组织管理能力，如表 2-6 所示。

表 2-6 综合能力分析

分析方向	具体内容
生产运营能力	企业拥有的产品研发能力、存货周转能力、技术创新能力等
营销能力	企业获取有用的市场信息的能力，拥有的分销渠道、销售团队等
财务能力	企业获取短期或长期资本的能力、能有效地控制或缩减成本的能力等
组织管理能力	内部协作能力、客户关系管理能力等

知识视窗

内部因素评价矩阵（internal factor evaluation matrix，简称“IFE 矩阵”）是一种对企业内部因素进行分析的工具。其基本原理是从优势和劣势两个方面找出影响企业未来发展的关键因素，再根据各关键因素对企业影响程度的大小确定权重，然后按企业对各关键因素的有效反应程度对各关键因素进行评分，最后算出企业的总加权分值。建立 IFE 矩阵的步骤和建立 EFE 矩阵类似。

借助内部因素评价矩阵分析法，企业可以把自身拥有的优势与劣势进行汇总，了解企业发挥优势、改进劣势的情况。

三、战略环境分析工具

宏观环境和微观环境共同组成战略环境。企业分析战略环境时常使用 SWOT 分析法，即分析企业的优势（strengths）、劣势（weaknesses）、机会（opportunities）和威胁（threats）。

SWOT 分析法可对企业自身的优势和劣势及宏观环境带来的各种机会和威胁进行综合分析，促使企业把资源聚集到自己的强项或自己有较多机会的地方，帮助企业制订一个或多个可执行的方案，使企业的战略变得更加明朗。

SWOT 分析法的具体步骤如下。

（1）分析企业的内部优势和劣势。

（2）分析企业面临的外部机会和威胁。

（3）将外部机会和威胁与企业的内部优势和劣势进行匹配，形成 SO、ST、WO、WT 战略。

【例 2-3】采用 SWOT 分析法对某咖啡企业的战略环境进行分析，如表 2-7 所示。

表 2-7　SWOT 分析法

宏观环境	微观环境	
	优势（S） 产品价格合适，品牌形象好，宣传到位	劣势（W） 盈利模式存在风险，企业退市影响自身商誉
机会（O） 消费者对咖啡的需求增加，居民可支配收入增长	SO 战略 （依靠内部优势，利用外部机会） （1）丰富价格体系，开拓高端市场； （2）加强品牌宣传，提升市场占有率	WO 战略 （克服内部劣势，利用外部机会） （1）提高产品质量和服务水平，优化盈利模式； （2）开展公关活动，提升企业商誉
威胁（T） 传统咖啡品牌的威胁，同价位竞争对手的出现，来自茶饮品的替代压力	ST 战略 （依靠内部优势，回避外部威胁） （1）保持价格优势，对产品进行差异化定价； （2）加强品牌推广，利用多元化的宣传渠道	WT 战略 （克服内部劣势，回避外部威胁） （1）加强品牌认知，区别其他品牌； （2）提升品牌形象，缓解竞争压力

任务实施

以小组（每组 4～6 人）为单位，选择本市的一家企业，对该企业的战略环境进行调查。首先，了解企业的发展历程；然后，用 PEST 分析法、“五力模型”分析法和外部因素评价矩阵分析法分析企业的宏观环境；接着，用 SWOT 分析法分析企业的战略环境；最后，小组成员一起根据分析结果撰写一篇分析报告。

任务二　选择和实施现代企业战略

任务导入

降本增效，转亏为盈

2020 年至 2021 年，整个航空业遭受巨大冲击，一家民营航空公司却实现了盈利，它是如何做到的呢？

该航空公司通过削减成本，向旅客提供比其他航空公司的票价低很多的机票。该航空公司的具体措施如下：第一，采用单一机型。该航空公司只投用一个系列的飞机，降低了飞机的购买、租赁成本，以及后续的维修、养护成本，同时降低了飞行员、机务人员的培训费用。第二，实行单一舱位。该航空公司飞机不设置头等舱、商务舱，只设置经济舱，与传统两舱布局的同系列飞机相比，单机可用座位数要多 15%以上。第三，安排紧密的航班。该航空公司延长飞行时段，提高飞机日利用率，进一步摊薄固定成本。第四，该航空公司通过网络直销的方式降低代理费用，进而降低销售费用。第五，充分利用第三方服务商在各地机场的服务资源。该航空公司通过严格的预算管理、科学的绩效考核及人机比的合理控制等多种措施，有效地降低了人力成本与日常费用。

（资料来源：陈萍，《低成本航空公司竞争战略浅析——以春秋航空为例》，民航新型智库平台，2021 年 10 月 31 日）

【思考题】

1. 该航空公司的基本战略是什么？
2. 为了保证这种战略的实施，该航空公司采取了哪些措施？

一、现代企业战略的类型

战略管理是由战略环境分析、战略选择和战略实施三个环节构成的一个循环过程，企业在进行战略环境分析之后，就进入了战略的选择和实施阶段。

现代企业战略是现代企业在竞争激烈的市场环境中，通过总结历史经验、调查现状、预测未来，对企业的生存和发展做出的长远性和全局性谋划。企业在选择战略之前，先要了解现代企业战略的类型。现代企业战略的类型包括总体战略、竞争战略和职能战略。

（一）总体战略

总体战略是企业最高层次的战略，是制订竞争战略和职能战略的依据。它解决的问题包括确定企业的经营范围和企业资源在不同部门之间的分配事项，决定企业的发展方

向、经营目标、经营的各项业务之间的关系。一般来说，总体战略分为增长型战略、稳定型战略和紧缩型战略。

1. 增长型战略

增长型战略又称“扩张型战略”，是一种以发展为导向，引导企业不断开发新产品，开拓新市场，采用新的生产方式和管理方式，从而扩大企业的产销规模，提高市场地位，增强实力的战略。

增长型战略可以分为密集型战略、一体化战略和多元化战略。

1）密集型战略

密集型战略是指企业在原有的业务范围内，充分利用在产品和市场方面的潜力来求得成长的战略。密集型战略主要包括市场渗透战略、市场开发战略和产品开发战略。

市场渗透战略是由现有产品和现有市场组合而产生的战略，即企业通过加强市场营销，在现有市场上不断扩大产品销量和生产经营规模。

市场开发战略是由现有产品和新市场组合而产生的战略。当原有市场趋于饱和时，企业用现有的产品开辟新的市场领域，发掘现有产品的新用户群，从而扩大产品销量。实施市场开发战略的途径包括开辟新的营销渠道，发掘潜在顾客，进入新的细分市场，开拓国外市场等。

产品开发战略是由新产品和现有市场组合而产生的战略，即企业在现有市场上通过改良现有产品或开发新产品来扩大销量。例如，海尔集团原有的产品是冰箱，后来又开发了洗衣机、空调等其他产品。

2）一体化战略

一体化战略是企业充分利用自己在产品、技术、市场上的优势，按照产业链的方向，不断拓展业务的深度和广度的一种经营战略。一体化战略可以分为纵向一体化和横向一体化。

纵向一体化是在生产或经营过程相互衔接、紧密联系的企业之间实现的一体化。企业实施纵向一体化战略的目的是加强核心企业对原材料供应、产品制造和销售全过程的控制，使核心企业能在市场竞争中掌握主动权，最终增加各业务活动阶段的利润。

横向一体化是指企业与处于相同行业、生产同类产品或工艺相近的企业联合而实现的一体化。企业实施横向一体化战略的目的是扩大生产规模、降低产品成本、巩固市场地位。

课堂讨论

以下哪些做法属于实施横向一体化？

（1）两个竞争企业在某一领域联合投资、经营。

（2）某公司收购它的竞争对手。

（3）两家相互竞争的企业合并。

（4）电视机生产企业拓展电脑显示器生产业务。

3）多元化战略

多元化战略又称“多角化战略”，是企业在现有业务领域的基础上增加新的产品或业务的一种经营战略。企业采用多元化战略，有助于开拓新市场，也有助于避免单一经营的风险。多元化战略可以分为相关多元化和不相关多元化。

相关多元化表现为企业新开拓的业务与现有业务有关联，它们在生产技术、产品工艺、销售渠道、营销策略等方面具有相同或相近的特点。

不相关多元化表现为企业通过收购、兼并其他行业的企业，或者在其他行业投资，把业务领域拓展到其他行业中去，新产品、新业务与企业的现有产品、现有业务毫无关系。例如，电气公司通过投资医疗器械、家用电器等领域，实施不相关多元化战略。

案例拓展

“三聚氰胺事件”发生后，消费者对无法保证上游原材料质量的乳制品企业产生了质疑，这也改变了众多乳制品企业的发展战略。以前那种只注重营销、不注重质量的发展模式行不通了。A公司和B公司作为中国乳制品行业的龙头企业，开始加快建设和收购上游奶源基地。从两家公司对奶源的布局来看，A公司采取一体化战略，收购了掌握优质奶源的某牧业公司；B公司采取多元化战略，自己建厂，加强与上游产业链的融合的同时，开拓与现有业务有关联的新业务。在2016年原奶产量过剩、价格下跌的情况下，A公司承受巨额亏损，而B公司有效地避免了这种冲击。

2. 稳定型战略

稳定型战略是指在战略环境的约束下，企业在产品、市场等方面采取以守为攻的战术，以安全经营为宗旨，不冒较大风险的一种经营战略。

采取稳定型战略的企业，一般处在市场需求及行业结构稳定的战略环境中，因而企业所面临的竞争挑战和发展机会都相对较少。但是，在市场需求大幅增长或是战略环境提供了较多的发展机遇的情况下，有些企业因其资源不足，也不得不采用相对保守的稳定型战略。

3. 紧缩型战略

紧缩型战略是指企业由于决策失误、经营不善，无法扭转局面，不得不从目前的战略经营领域撤退或收缩业务范围的一种经营战略。与增长型战略和稳定型战略相比，收缩型战略是一种消极的发展战略。

一般情况下，企业实施紧缩型战略只是短期的，其根本目的是使企业渡过难关后选择其他战略。有时，企业采取紧缩型战略，是为了抵御竞争对手的进攻，避开战略环境的威胁，实现自身资源的最优配置。因此，紧缩型战略是一种以退为进的战略。

（二）竞争战略

竞争战略包括成本领先战略、差异化战略和集中化战略。

1. 成本领先战略

成本领先战略又称“低成本战略”，是指企业通过一系列的成本控制活动，以低于竞争对手的产品价格，获得市场份额，利用低成本获得高收益。例如，企业同供应商建立长期合作的战略伙伴关系，能够以较低的采购总成本取得竞争优势。

春秋航空的成本领先战略

成本领先战略主要适用于以下情况。

（1）购买者不太关注品牌，大多数购买者以同样的方式使用产品。

（2）产品具有较大的价格弹性，市场中存在大量对价格敏感的购买者。

（3）行业中所有企业的产品都是标准化产品，产品难以实现差异化。

（4）价格竞争是市场竞争的主要手段，购买者更换产品的成本低。

企业若想获得成本优势，需要通过控制成本、采用先进的设备等措施来实现。控制成本的重点是控制在整个产品成本中占比较大的成本项目，以及与计划成本偏差较大的成本项目。此外，企业采用先进的专业设备可以提高劳动生产率，降低成本。但是企业需要满足以下两个条件：一是企业要具备足够的资金；二是产品销量要足够大，能够使企业形成规模效益，从而降低单位产品的成本。

2. 差异化战略

差异化战略是指企业为获得竞争优势而采取的在产品、服务、企业形象等方面与竞争对手存在显著差别的战略。

差异化战略主要适用于以下情况。

（1）购买者的需求多样化。

（2）产品能够实现差异化，且为购买者所认可。

（3）企业所在行业的技术更新速度较快，创新成为竞争的焦点。

企业实施差异化战略的途径有很多，如产品差异化、服务差异化和形象差异化等，如图 2-1 所示。

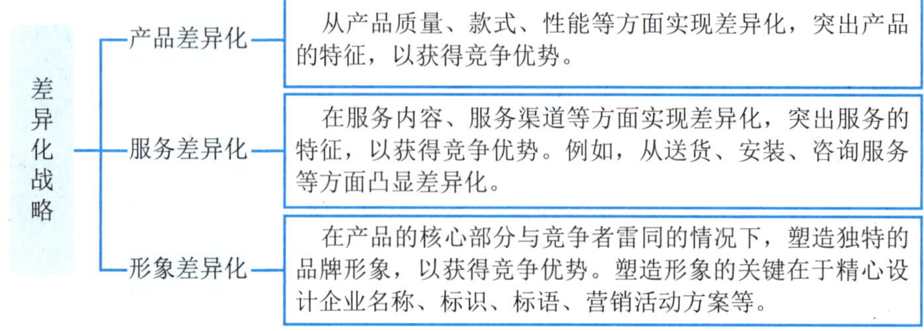

图 2-1　差异化战略的实施途径

案例拓展

某儿童玩具商店为了从众多玩具商店中脱颖而出，从以下几个方面实施差异化战略：第一，产品差异化。该商店成立玩具体验团队，及时更新产品，以确保产品具有新颖性和趣味性。第二，服务差异化。该商店通过提供玩具管家服务和贴心看护服务，赢得孩子和父母的信任。第三，形象差异化。该商店定期举办益智游戏活动，为优胜者发放积分券。这项活动一方面有利于顾客加强亲子互动，建立良好的亲子关系，另一方面有利于持续吸引顾客。

3. 集中化战略

集中化战略是指企业面向某条产品线、某个特殊的消费群体或某一区域市场开展生产经营和服务活动的一种战略。

集中化战略主要适用于以下情况。

（1）在目标市场上，存在有特殊需求的购买者。

（2）在目标市场上，其他竞争对手没有采取类似的战略。

（3）企业实力较弱，不适合确立过于宽泛的市场目标。

集中化战略可以分为产品线集中战略、购买者集中战略和地区集中战略，如图 2-2 所示。

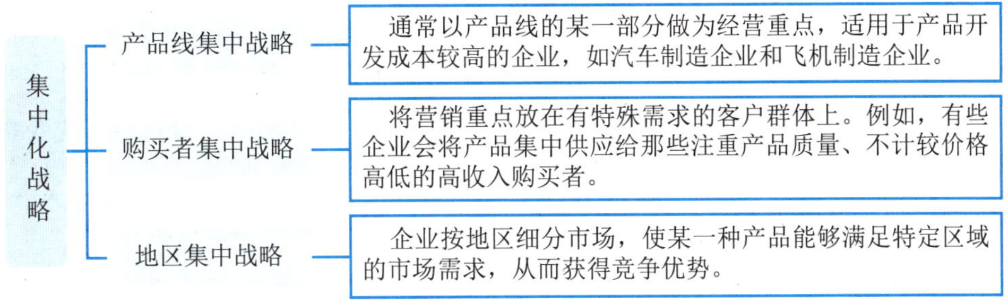

图 2-2 集中化战略的分类

企业实施集中化战略的关键是选好战略目标市场。一般而言，企业要尽可能地选择那些竞争对手实力较薄弱的目标市场。一旦选定了目标市场，企业就需要围绕其开展密集的生产经营活动，并提供极具竞争力的产品和服务。

（三）职能战略

职能战略是职能部门制订的，指导、配合和协调企业的整个经营活动的战略。总体战略和竞争战略分层次阐明了企业的经营宗旨、经营目标和市场等，职能战略服务于总体战略和竞争战略。

职能战略一般可分为人力资源战略、生产战略、市场营销战略和财务战略等。

1. 人力资源战略

企业需要根据总体战略的要求，考虑自身生存和发展的需要，对人力资源进行开发，提高员工队伍的整体素质，从中发现和培养出一批优秀人才，以及进行其他长远性的人力资源管理方面的专业谋划。

人力资源战略的内容包括以下几个方面。

（1）在人力资源开发方面，企业可通过引进人才、招聘人才、自主培养人才和定向培养人才等措施来开发人力资源。

（2）在人才结构优化方面，企业可通过人才层次结构优化、人才学科结构优化、人才职能结构优化和人才年龄结构优化等措施来优化人才结构。

（3）在人才使用方面，企业可以通过实施岗位轮换制、职务与资格制等措施来利用人才的智慧和能力，实现企业的良性发展。

案例拓展

某公司正处在快速发展阶段，由于业务量增加，员工的工作压力越来越大，各个部门都需要增加新员工。因此，人力资源部门经理让各职能部门上报所需要的新员工数量，然后在招聘网站上发布招聘信息。因为各职能部门经理都比较忙，很难协调面试时间，所以人力资源部门就自行筛选简历，组织笔试、面试，最终定下了各部门所需的人员。

新员工入职后，很多部门经理发现招聘来的人员并不适合做本部门的工作，并将这一现象反馈给了人力资源部门经理。人力资源部门经理很纳闷，为什么辛苦招来的人员不满足各部门的要求呢？

思考：该公司在招聘过程中存在什么问题？

2. 生产战略

生产战略是指企业根据所选定的目标市场及产品构造特点，在产品质量、生产流程、生产成本等方面增强竞争优势的战略。

3. 市场营销战略

市场营销战略是指企业的营销部门根据战略规划，在综合考虑外部市场机会及内部资源状况等因素的基础上，确定目标市场，选择相应的市场营销组合策略，并予以有效实施和控制的过程。

4. 财务战略

财务战略是指企业为增强财务竞争优势，在分析战略环境因素对资金流动的影响的基础上，对企业的资金流动进行的全局性、长期性谋划。

财务战略主要包括筹资战略、投资战略和利润分配战略，如图 2-3 所示。

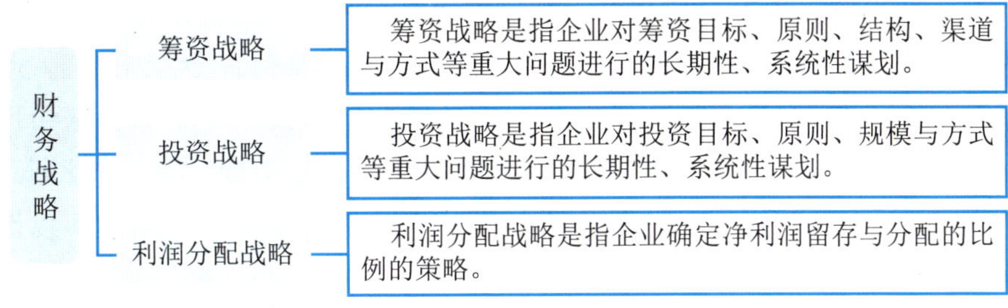

图 2-3　财务战略的分类

二、影响现代企业战略选择的因素

企业在选择总体战略时，主要根据战略环境的变化判断企业应该扩张、保持稳定还是收缩业务范围。企业在选择竞争战略时，需要考虑经济环境、生产与营销能力、产品生命周期等。因为职能战略服务于总体战略和竞争战略，所以企业无须选择职能战略。

（一）经济环境

企业应该根据社会经济状况选择合适的竞争战略。在社会经济高速增长时期，由于企业之间的竞争激烈及居民收入的迅速增加，企业应该选择差异化战略，以增强竞争优势。反之，在社会经济增长缓慢或者衰退时期，企业应该选择成本领先战略，以刺激需求。

企业还应该根据所在地区的发展程度选择合适的竞争战略。在发达地区，企业一般采用差异化战略；在欠发达地区，企业采用差异化战略所带来的效果并不明显，一般采用成本领先战略。

（二）生产与营销能力

企业应该根据自身的生产与营销能力选择合适的竞争战略。对于规模较小的企业，因其生产与营销能力都比较弱，企业应该选择集中化战略，集中企业优势力量，针对某一特定客户群、特定地区或特定用途的产品开展经营活动；如果企业生产能力较强而营销能力较差，则可以考虑使用成本领先战略；如果企业营销能力强而生产能力相对较弱，则可以考虑使用差异化战略；如果企业生产与营销能力都很强，则可以考虑在生产方面采取成本领先战略，在销售方面采取差异化战略。

（三）产品生命周期

产品生命周期是指产品从进入市场到被市场淘汰的全过程，一般分为投入期、成长期、成熟期和衰退期四个阶段。

在不同的阶段，企业要采用不同的竞争策略。在产品的投入期，为了抢占市场、防止竞争者进入，企业通常采用成本领先战略，以刺激需求。在产品的成长期，产品销量迅速扩大，企业应该采用差异化战略，尝试推出系列产品，以满足不同消费主体的需求，争取占领细分市场。在产品的成熟期，产品销量和企业利润已达到顶峰。此时，企业可以采用市场渗透战略、差异化战略，适当改变产品外形、包装，以适应市场的不同需求。在产品的衰退期，产品生命周期即将宣告结束，产品销量下降，企业利润降低。此时，企业应该注意适时淘汰处于衰退期的产品，并开发新产品。企业也可以选择进入新市场，延长产品的生命周期。

三、评估与调整现代企业战略

在战略实施期间，企业的战略环境是不断变化的。如果这些变化动摇了企业战略得以成立的基础，企业就必须及时地调整其战略，以适应环境的变化。

（一）评估现代企业战略

企业管理者需要适时、客观、高效地对正在实施的战略进行评估，并据此采取应对措施。这是保证企业实现既定目标的必要条件，也是企业高层管理人员的重要责任。

1．评估企业的战略基础

评估企业的战略基础是企业得以抓住战略机遇、避免威胁、扬长避短、实施战略的前提条件。

评估企业的战略基础的方法主要是因素评价法，即在战略实施前、中、后针对企业的战略环境因素填写评价表，如表 2-8 所示。如果战略环境没有发生明显的变化，则企业管理者就不必采取调整措施；否则，企业管理者就需要对企业战略进行调整。

表 2-8　战略环境评价表

序号	战略实施前的环境状况	战略环境是否变化（是/否）	战略实施中/后的环境状况	环境影响评价（正面/负面）	环境影响程度				
					a	b	c	d	e

2．评估企业的战略绩效

在战略实施的过程中，企业管理者应根据财务指标和非财务指标对战略实施的结果进行全面的评估，即通过战略实施结果与战略目标的对比分析，找出偏差并进行纠正。

1）财务指标分析

财务指标分析是指利用财务报告中的数据，计算出财务比率，用以总结和评价企业的财务状况和运营成果的一种分析方法。财务指标包括偿债能力指标、营运能力指标、盈利能力指标和发展能力指标。

财务指标分析的优点是既便于纵向比较，又便于横向比较。比较各个时期的财务比率，可以很容易地发现这些比率的变动；分析不同项目、企业的财务指标，可以找到差距，发现问题。

2）非财务指标分析

非财务指标分析是指根据企业的非财务信息，评价其业绩及经营能力的一种分析方法。非财务指标包括客户满意度、产品和服务质量、产品创新能力等。

和传统的财务指标不同，非财务指标能够全面地反映企业的业绩及经营能力，而且很容易被理解和有效使用。

（二）调整现代企业战略

企业在实施战略的过程中，自身的经营情况、经营环境会发生改变，企业需要调整现行战略。企业的战略调整可以分为日常调整和定期调整两种形式。

1．日常调整

当企业的现行战略受到外部不确定因素影响时，企业需要根据战略执行过程中的日常监测情况，重新分析企业的战略环境，利用战略环境的变化规律来预测环境变化的趋势，以及对企业可能产生的影响，对企业的月度、季度、年度经营规划等做出必要的调整。

2．定期调整

定期调整是指企业根据战略实施过程中每个阶段的执行和考核情况，定期对企业未来一段时间的战略进行调整。例如，企业根据上一阶段的战略及规划完成情况，结合市场发展趋势，制订并调整下一阶段的战略。

任务实施

“双减”政策的实施对以义务教育阶段学科培训为主营业务的教育企业造成重创，头部教育企业的战略调整动作和策略备受关注。D 公司作为教育培训行业的龙头企业，其主营业务被腰斩，企业整体受挫严重。纵观其在“双减”政策实施前后的应对措施，在同行业企业一片萎靡、负面新闻不断的情况下，D 公司采取了退费、捐赠等方式善后，树立了良好的企业形象。同时，D 公司抓住市场机会，开拓直播业务，进军电商领域，以其“潇洒转身”引发社会关注。

两人一组，利用互联网，查阅相关资料，讨论分析 D 公司是如何进行战略调整的。

项目实训——为 A 公司制订生存与发展战略

一、实训背景与内容

（接项目一的项目实训）小张在大学毕业后与几位同学一起创办了一家餐饮公司，公司名称为桃花楼股份有限公司，以下简称“A 公司”。该公司是一个以特色餐饮业、食品加工业为核心产业的企业，其遵循传承经典、融入时尚的发展理念，创立了桃花楼融合菜餐厅。除了菜品丰富、价格合理之外，该公司还提供良好的用餐环境和优质的服务，吸引了众多喜欢中式餐饮的消费者。

A 公司发展面临复杂的内、外部环境。一方面，居民的消费升级、外卖平台的快速发展给公司带来了难得的发展机遇；政府为鼓励大学生创业，给予了很多的政策支持。另一方面，公司仍面临很多问题，包括市场竞争剧烈、资金短缺、行业人员素质不高、专业管理人才缺乏、人员流动性较大等。为了更好地管理公司，让公司稳步发展、打响自身品牌，小张夜不能寐。

请帮助小张制作一个 PPT，阐述 A 公司在初创期的生存与发展战略，主要内容包括战略环境分析、战略选择、战略实施等。

二、实训目的

通过本次实训，加深对企业战略管理知识的理解，深刻明白战略环境分析的重要性，并把所学到的理论知识运用到实践中。

三、实训步骤

（1）分组、分工。3～6 人一组，选出组长。组长结合小组成员的特长，确定任务分工。将小组成员及分工情况填入表 2-9 中。

表 2-9　小组成员及分工情况

班级：　　　　组号：　　　　教师：

小组成员	姓名	学号	任务分工
组长			
组员			

（2）分析企业的战略环境。先利用互联网调查分析整个餐饮业的现状、发展趋势、A 公司的实际情况，然后利用 SWOT 分析法分析 A 公司的战略环境。

（3）战略选择与实施。根据 A 公司战略环境的分析结果，为其选择合适的战略，并且针对该公司面临的发展问题，提供建议。

（4）制作 PPT。将战略分析、战略选择的结果及解决问题的建议以 PPT 的形式展示出来，PPT 页数不少于 15 页。

（5）演讲汇报。以抽签的方式确定汇报顺序，组长上台汇报本组分析结果，教师和其他同学可以提问或发表意见。

（6）各小组互评并打分。

（7）教师点评并打分。

四、实训评价

各小组配合教师完成如表 2-10 所示的实训评价表。

表 2-10 实训评价表

<table>
<tr><th rowspan="2">评价指标</th><th rowspan="2">评价标准</th><th rowspan="2">分值</th><th colspan="3">评价分数</th></tr>
<tr><th>自评</th><th>互评</th><th>师评</th></tr>
<tr><td rowspan="4">综合素质（30%）</td><td>具有团队精神，积极与他人合作</td><td>5</td><td></td><td></td><td></td></tr>
<tr><td>具有创新能力和自主探究学习的意识</td><td>5</td><td></td><td></td><td></td></tr>
<tr><td>学习态度认真，课堂表现积极</td><td>10</td><td></td><td></td><td></td></tr>
<tr><td>按时完成实训任务</td><td>10</td><td></td><td></td><td></td></tr>
<tr><td rowspan="7">知识与技能（70%）</td><td>掌握战略管理基础知识</td><td>10</td><td></td><td></td><td></td></tr>
<tr><td>战略环境分析准确、全面</td><td>10</td><td></td><td></td><td></td></tr>
<tr><td>能够熟练地使用战略环境分析方法</td><td>10</td><td></td><td></td><td></td></tr>
<tr><td>战略选择合理且具有前瞻性</td><td>10</td><td></td><td></td><td></td></tr>
<tr><td>解决问题的建议可行、有效</td><td>10</td><td></td><td></td><td></td></tr>
<tr><td>汇报语言流畅、有条理</td><td>10</td><td></td><td></td><td></td></tr>
<tr><td>PPT 重点突出、详略得当、制作精美、图文并茂</td><td>10</td><td></td><td></td><td></td></tr>
<tr><td colspan="2">合计</td><td>100</td><td></td><td></td><td></td></tr>
<tr><td rowspan="2">总评</td><td rowspan="2">自评（20%）+ 互评（20%）+ 师评（60%）=</td><td colspan="4">学生（签名）：</td></tr>
<tr><td colspan="4">教师（签名）：</td></tr>
</table>

思考与练习

一、单选题

1．市场开发战略是由（　　）组合而产生的战略。

A．现有产品和现有市场　　B．新产品和现有市场

C．现有产品和新市场　　D．新产品和新市场

2．PEST 分析法主要是对政治、经济、社会文化、（　　）四大因素进行分析。

A．核心能力　　B．技术

C．营销能力　　D．创新能力

3．（　　）是指企业为获得竞争优势而采取的在产品、服务、企业形象等方面与竞争对手存在显著差别的战略。

A．集中化战略　　B．成本领先战略

C．差异化战略　　D．增长型战略

二、多选题

1．下列选项中属于职能战略的是（　　）。

A．市场营销战略　　B．竞争战略

C．财务战略　　D．人力资源战略

2．增长型战略包括（　　）。

A．集中化战略　　B．密集型战略

C．多元化战略　　D．一体化战略

3．选择现代企业战略需要考虑（　　）。

A．经济环境　　B．产品生命周期

C．生产能力　　D．营销能力

三、判断题

1．当购买者的需求量大且持续增长时，购买者具有较强的议价能力。（　　）

2．行业进入壁垒越高，新进入者对现存企业的威胁就越小。（　　）

四、简答题

1．简述“五力模型”分析法的基本内容。

2．简述 SWOT 分析法的具体步骤。

3．简述成本领先战略的适用范围。

五、案例分析题

海底捞的企业战略

海底捞的经营理念是“服务至上，顾客至上”，其核心竞争力在于良好的服务品质。顾客在海底捞就餐，能够享受到细心、周全的服务，包括帮助停车、入门迎接、擦鞋、做美甲、帮忙点餐、为生病的顾客泡热茶、为单独就餐的顾客提供玩偶作为陪伴、提供娱乐表演、协助顾客付款、礼貌送别顾客等。他们的服务品质深入人心，被人们口口相传。

海底捞的 logo 是“Hi”，其有两层含义：第一，海底捞在传递“嗨”的文化，表现了欢乐聚会的场景特性。第二，“Hi”的字母造型巧妙地演变成筷子和跳跃的小辣椒，logo 的大红底纹代表了火锅，白色水滴形状代表了流动的汤底，让顾客联想到麻辣火锅的产品特性。

海底捞所在的餐饮行业竞争激烈。一方面，在火锅行业中，可以和海底捞相提并论的企业并不少，如价格亲民的某侠，美味著名的某坎等。这些餐饮企业也有独特的优势和庞大的顾客群体。另一方面，火锅的替代品种类较为丰富，如自助餐、烧烤等。在这种情况下，海底捞只有不断打磨自己的企业战略，增强竞争优势，才能在市场中占据一席之地。

思考：

（1）海底捞的核心竞争力是什么？

（2）海底捞实施了哪些企业战略？

项目三　组织结构管理
——排兵布阵，谋篇布局

项目导读

企业组织结构实质上是由组织目标决定的对组织权力、责任和职位等的一种分配方式。企业组织结构是一个企业的“骨骼”，也是企业分配内部资源、进行岗位设置、开展业务活动的依据。现实中许多企业都会根据市场环境、业务需求、企业战略等适时调整组织结构，这是企业持续发展和应对市场挑战的重要手段。

本项目主要介绍企业组织结构的类型、设计与调整。

学习目标

知识目标

（1）了解企业组织结构的含义。

（2）掌握企业组织结构的类型。

（3）熟悉企业组织结构的设计依据和设计原则。

能力目标

（1）能够设计企业组织结构。

（2）学会调整企业组织结构。

素养目标

（1）培养统筹全局的能力。

（2）培养组织策划与灵活应变能力。

任务一　了解企业组织结构

任务导入

胡某遇到的管理难题

胡某大学毕业后创办了一家15人左右的小公司。由于公司规模不大，大事小事都由他亲自过问。经过一年的发展，公司业务实现了较快增长，员工数量也增加至50多人。出于成本管理的考虑，他并没有增设职能部门。

但是最近，他在公司管理中遇到了一个难题：公司无论出了什么问题，员工首先想到的就是向他请示。这种状况带来了一系列问题，包括老板的工作量大，效率低；员工之间缺少联系，各自为政，缺乏团队凝聚力；员工缺乏责任意识，遇到一些日常问题时不主动寻找解决办法。

【思考题】

1. 该公司目前的组织结构是怎样的？
2. 从组织结构的角度来看，胡某应该如何解决这些问题？

一、企业组织结构的含义

企业组织结构是企业为了实现组织目标，围绕工作任务的分解、组合和协调，设计的组织内部各层次、各部门之间固定的框架体系。

从纵向看，合理的企业组织结构应形成一个统一的、自上而下的、领导关系明确的指挥系统；从横向看，合理的企业组织结构应形成各部门、各环节密切配合的协作系统，使企业形成一个有机整体。

二、企业组织结构的类型

在现代社会中，常见的企业组织结构类型有直线制组织结构、职能制组织结构、直线职能制组织结构、事业部制组织结构、矩阵制组织结构、多维立体制组织结构。

（一）直线制组织结构

直线制组织结构又称“垂直式组织结构”“军队式组织结构”，是最简单的一种组织结构形式。其特点如下：企业不设职能部门，各部门从上到下实行垂直领导，每个人都只能向一个上级报告。直线制组织结构如图3-1所示。

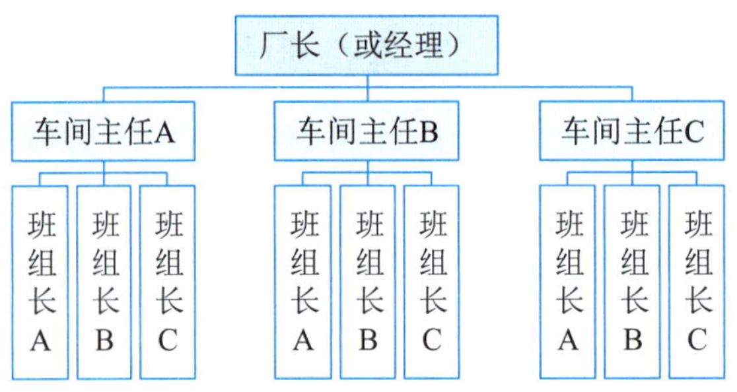

图 3-1　直线制组织结构

一般来说，直线制组织结构适用于生产规模小、产品单一、生产技术简单的企业。直线制组织结构的优缺点如表 3-1 所示。

表 3-1　直线制组织结构的优缺点

优缺点	具体内容
优点	（1）结构简单，权力集中，命令统一； （2）职权明确，反应迅速，便于评价组织成员的绩效； （3）能维持良好的组织纪律，管理费用较低
缺点	（1）下级对上级的依赖性较强； （2）每个成员只听从上级的指挥，每个部门只关心本部门的工作，导致部门间协作水平不高； （3）权力过于集中，管理者一旦出现决策失误，会造成严重的后果

（二）职能制组织结构

职能制组织结构又称“多线型组织结构”。其特点如下：在高层管理者（厂长或经理）之下按照不同的管理职能设立职能部门（职能科室 A、职能科室 B），职能部门负责职能范围内的业务管理；下级部门管理者（车间主任）除接受上级（厂长或经理）的命令外，还必须接受各职能部门（职能科室 A、职能科室 B）的指示。职能制组织结构如图 3-2 所示。

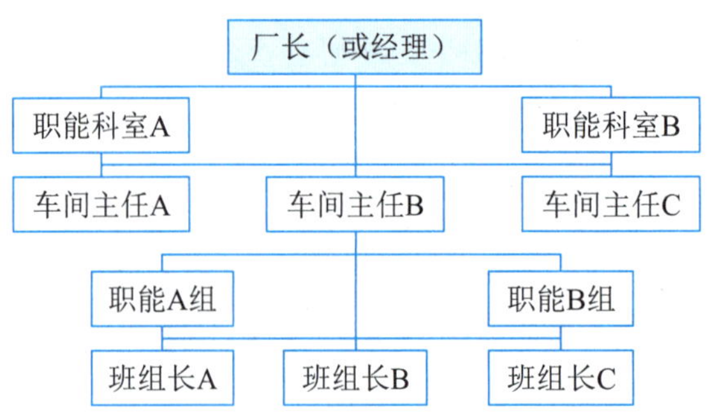

图 3-2　职能制组织结构

一般来说，职能制组织结构适用于产品品种比较单一、生产技术发展较慢、产品供求关系比较稳定的中小型企业。职能制组织结构的优缺点如表 3-2 所示。

表 3-2　职能制组织结构的优缺点

优缺点	具体内容
优点	（1）实行职能分工，使管理者的选用和培养更加便利； （2）能够充分发挥职能部门的专业管理作用； （3）每个职能部门只负责某一方面的工作，减轻了直线管理者的负担
缺点	（1）权力分散，容易形成“多头领导”的情况，造成管理混乱； （2）不利于明确划分直线管理人员与职能部门的职责，容易出现推卸责任的情况

课堂讨论

直线制组织结构和职能制组织结构有什么区别？

（三）直线职能制组织结构

直线职能制组织结构吸收了直线制和职能制组织结构的优点，有利于企业集中力量进行扩张，所以被许多企业采用。其特点是以坚持直线指挥为基础，实行直线管理人员统一指挥与职能部门参谋指导相结合的管理方式，在各级管理人员之下设置相应的职能部门从事专业管理。

在这种组织结构中，下级部门管理者（车间主任）担负着实现组织目标的直接责任，并拥有对下属的指挥权；职能部门只是管理人员的参谋，负责提供信息和建议，并对下级部门进行业务指导，但无权对下级部门下达命令。直线职能制组织结构如图 3-3 所示。

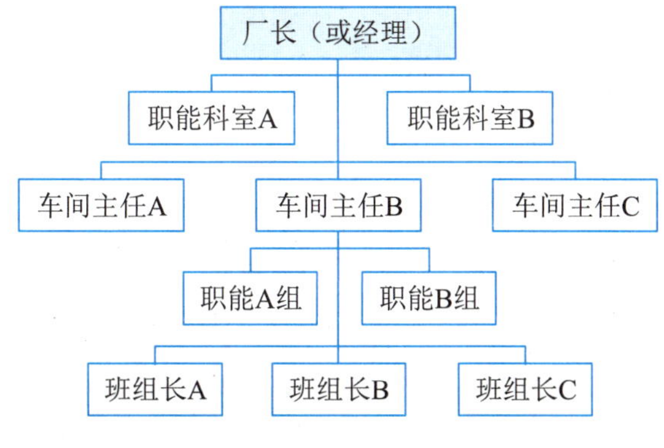

图 3-3　直线职能制组织结构

一般来说，直线职能制组织结构适用于生产规模大、产品品种单一、产品需求价格弹性大的企业。直线职能制组织结构的优缺点如表 3-3 所示。

表 3-3　直线职能制组织结构的优缺点

优缺点	具体内容
优点	（1）既能保证直线管理人员的统一指挥，又能发挥职能部门的参谋作用； （2）分工明确，权责清晰，各部门仅负责各自领域内的工作，办事效率较高； （3）秩序井然，稳定性较高
缺点	（1）部门之间缺乏信息交流，不利于团队集思广益，也不利于管理者做出决策； （2）下级部门与职能部门之间的关系不易协调，增加管理人员的工作量； （3）分工太细，信息传递的路线较长，组织结构的适应性较差，反应不灵敏

（四）事业部制组织结构

事业部制组织结构是一种高度分权制的组织形式。其特点为集中决策、分散经营。也就是说在公司总部的领导下，按产品领域或工艺过程设立多个事业部，各事业部拥有自己独立的产品和市场，实行独立核算，属于一种获得授权的专业化的生产经营单位。事业部制组织结构如图 3-4 所示。

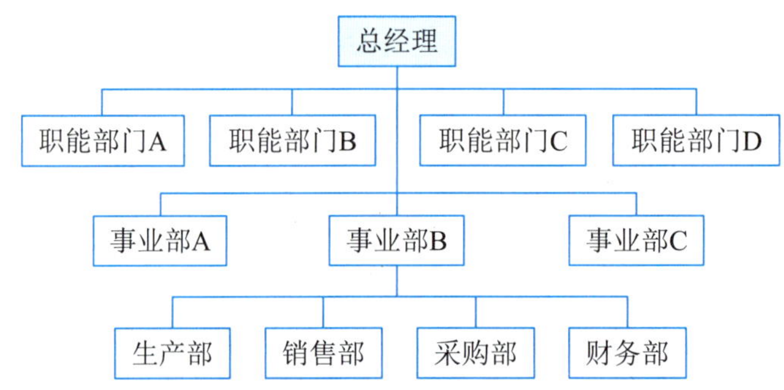

图 3-4　事业部制组织结构

一般来说，事业部制组织结构适用于生产规模大、产品品种多、产品工艺差别较大且市场广阔的企业。事业部制组织结构的优缺点如表 3-4 所示。

表 3-4　事业部制组织结构的优缺点

优缺点	具体内容
优点	（1）高层管理人员可摆脱日常的行政事务，从而能够专注于战略决策事务； （2）有利于发挥事业部成员的积极性和主动性，使企业更好地适应市场竞争环境； （3）能够锻炼事业部管理者的能力，有利于培养综合型管理人才； （4）可以在各事业部之间展开比较，促使其竞争，从而克服组织僵化和官僚化的问题
缺点	（1）每个事业部都需要职能部门，导致管理人员增多，管理成本提高； （2）各事业部容易各自为政，限制组织资源的有效利用和共享； （3）对高层管理者和事业部管理者的综合水平要求较高

（五）矩阵制组织结构

矩阵制组织结构是由职能制和项目制相结合的矩形组织结构。企业一方面根据职能划分部门；另一方面根据产品、服务或工程划分项目，从职能部门抽调人员参与项目工作。

项目小组成员既同职能部门保持组织与业务上的联系，又参加项目小组的工作。项目经理主要负责评价成员的工作表现。职能部门主要负责员工事务的其他方面，如纪律、福利等。项目小组一般为临时性组织，完成项目任务后就自动解散，其成员回到职能部门。矩阵制组织结构如图 3-5 所示。

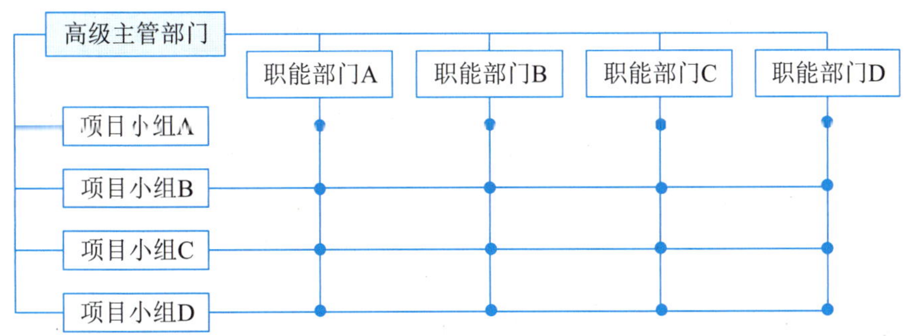

说明：高级主管部门是指管理职能部门和项目小组的一个事业部或业务线。

图 3-5 矩阵制组织结构

华为的企业组织结构变化之路

一般来说，矩阵制组织结构适用于市场需求复杂多变，企业需要通过横向协作完成项目攻关的情况。矩阵制组织结构的优缺点如表 3-5 所示。

表 3-5 矩阵制组织结构的优缺点

优缺点	具体内容
优点	（1）加强不同部门之间的配合与信息交流，使企业具有较强的适应性和机动性； （2）按照一定的任务要求抽调相关人员，能够集中优秀人才完成项目； （3）一个员工可以同时参与多个项目小组，提高人员的利用效率
缺点	（1）项目小组具有临时性，不易对相关人员进行追责； （2）项目小组与职能部门之间可能会发生矛盾，从而影响任务的完成效率

案例拓展

某公司是一家大型建筑施工企业，该公司为了尽快完成一个新项目，专门成立了新项目部。小赵原属于设计部，被暂时抽调到这个新部门工作，等新项目部的工作完成后，他还是会回到原部门工作。在抽调期间，小赵一方面要完成新项目部经理交办的任务；另一方面，他还要完成设计部经理指派的工作。两位经理给小赵分配的工作存在冲突，甚至连开会时间都有冲突，两位经理都是小赵的领导，小赵无力应对这种情况，感觉很苦恼。

思考：该公司的组织结构属于哪一种？从任务安排的角度看，该公司的安排合理吗？

（六）多维立体制组织结构

多维立体制组织结构是事业部制和矩阵制组织结构进一步发展后形成的组织结构形式。如图3-6所示，多维立体制组织结构分为以下三个维度：产品维度，即按产品划分事业部；职能维度，即按职能划分职能部门；地区维度，即按地区划分管理机构。在多维立体制组织结构中，上述三个维度的部门协调一致、紧密配合，共同为实现企业的总目标服务。

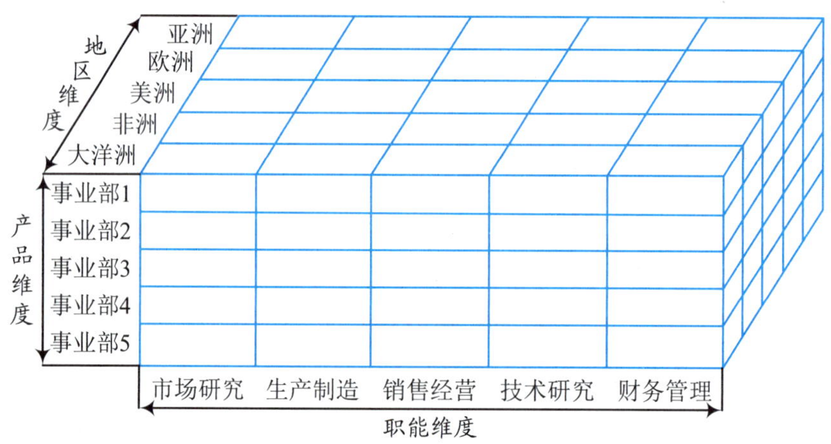

图3-6　多维立体制组织结构

一般来说，多维立体制组织结构适用于生产规模巨大、开发多种产品、实行跨地区经营的跨国公司。多维立体制组织结构的优缺点如表3-6所示。

表3-6　多维立体制组织结构的优缺点

优缺点	具体内容
优点	（1）产品、职能和地区维度的部门不能单独做出决定，必须由三方协调一致后才能采取行动，从而减少各部门之间的矛盾； （2）有利于形成群策群力、信息共享、共同决策的协作关系
缺点	（1）组织结构较为复杂，容易使员工产生无所适从的感觉； （2）部门之间进行横向协调的难度大，企业需要频繁召开会议来协调关系

任务实施

以个人或者小组（每组2～4人）为单位开展企业组织结构调查活动。借助互联网，调查知名家电企业的组织结构类型，并将调查结果整理为一篇文档。

任务二　设计企业组织结构

任务导入

某环保公司的组织结构

某环保公司是一家业务多元化的国有企业，下属分公司共10余家，业务涵盖清洁直运（利用有密闭、压缩设备的作业车辆，将生活垃圾分类收集后，运送至相应垃圾处理场所进行无害化处置的一种生活垃圾收集、运输方式）、卫生填埋、焚烧处理、沼气发电、污水处理、餐厨和厨余垃圾处理等多个领域。随着国家政策环境的变化和行业竞争的加剧，该公司需要建立与环境相匹配的组织结构。

通过对环保类企业的组织结构分析，该公司发现环保行业的标杆企业普遍采用“总部＋产品/区域事业部”的组织结构。总部的职责为监控、协调与服务，主要对研发、市场运营等职能进行协调；各事业部的职责为生产经营，拥有相对独立的市场和自主权。

基于公司的长期发展目标和多元化战略，该公司决定逐步向“集中决策、分散经营”的“总部+事业部”管理模式演进。

首先，该公司基于现有业务和产品属性，整合形成清转运（垃圾的集中清理和转运）、资源化、能源、填埋管理、园区管理五大事业部。事业部负责完成总部下达的经营目标，独立核算，自主经营，对一定范围内的超额利润可自由支配。

其次，各事业部内部的岗位设置要涵盖生产经营的各环节。各事业部在总部限定的权责范围内对内协调配合，完成自己承接的项目；对外承接项目，积极开拓外部市场。

最后，考虑到各领域市场的发展程度不同、设置事业部制组织结构的条件尚不健全等因素，公司以清转运事业部为试点，逐步探索并完善管理机制。

【思考题】

根据以上资料，分析影响企业组织结构设计的因素有哪些。

一、企业组织结构设计的原则

任何企业在进行组织结构设计时，都必须遵循如图3-7所示的几个原则。

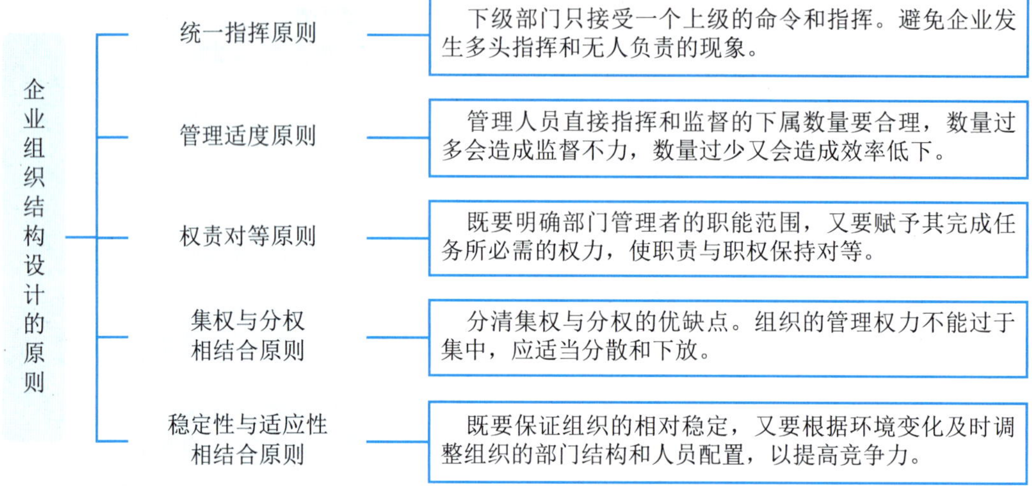

图 3-7 企业组织结构设计的原则

知识视窗

集权与分权是企业分配权利的两种方式，两者是相对的。集权是指决策权集中在较高管理层次的少数人手中；分权是指决策权分散在较低管理层次的多数人手中。集权与分权的优缺点如表 3-7 所示。

表 3-7 集权与分权的优缺点

优缺点	集权	分权
优点	（1）由最高管理层统一决策，有利于规范下级部门的行动，促使企业早日实现整体目标； （2）有利于协调各部门的利益； （3）有利于实现专业化管理	（1）能为下级提供更多的职位晋升机会； （2）有利于发挥下级的积极性与创造性； （3）信息沟通和传递的速度较快
缺点	（1）信息传递的速度较慢，不利于管理者及时做出决策； （2）降低企业的灵活性和适应能力； （3）不利于调动下级的积极性	（1）难以统一指挥和协调，可能出现下级因追求自身利益而损害企业利益的情况； （2）容易出现下级部门各自为政的现象

二、影响企业组织结构的因素

（一）总体战略

企业设计组织结构最重要的目的就是实现总体战略。企业的总体战略是密集型、一体化还是多元化，一体化战略是纵向一体化还是横向一体化，企业未来往哪个方向发展，重点发展什么业务，这些都会影响组织结构的设计。例如，采用一体化战略的企业一般专注于集中某一行业，因此这类企业多采用集权管理的直线制或职能制组织结构；采用多元化战略的企业一般采用分权管理的事业部制组织结构。

（二）战略环境

任何企业都是在一定环境中生存和发展的，环境必然会对企业的组织结构产生一定的影响。

企业在对工作任务进行分解、组合和协调之前，需要判断自身所处的环境是稳定的还是复杂多变的。处在稳定环境中的企业，可以采用较为严密的、常规的组织结构；而处在多变环境中的企业，应采用灵活的、可调整的组织结构。

（三）生产技术

一个企业所应用的技术和设备都会影响生产运营的效率，同时也会影响组织结构的设计。例如，数字化技术的发展，将改变传统的生产模式，大大减少企业岗位和人员的设置。

（四）企业规模

企业规模是决定组织结构的重要因素之一。企业规模越大，其组织结构就越复杂和规范。企业的规模大，管理任务就多，一般需要设置较多的管理层次和部门，以便更好地协调和控制各部门之间的关系。企业的规模小，管理任务就少，一般不需要设置太多的管理层次和部门，就能保持较高的沟通效率。

（五）生命周期

企业的生命周期是指一个企业从创立到消亡的全过程，主要包括初创期、成长期、成熟期和衰退期。企业在不同的发展阶段，有不同的任务，采用的组织结构也会有所差异。

初创期的企业通常规模较小，由创始人和少数核心员工组成，其主要任务是生存和成长，一般采用集权化的直线制或直线职能制组织结构。

成长期的企业的规模逐渐扩大，企业通常会划分人力资源部、研发部、市场部、财务部等不同的职能部门。成长期的企业的主要任务是实现内部稳定和外部扩张，其对分权有一定要求，一般采用职能制组织结构。

成熟期的企业的规模进一步扩大，企业通常会划分多个事业部，每个事业部下设置多个职能岗位，形成较为复杂的组织结构体系。

衰退期的企业的规模逐渐缩小，企业通常会进行内部整合和外部并购，从而简化组织结构，降低成本，同时提高经营效率。

课堂讨论

华为技术有限公司（以下简称“华为”）目前处于企业生命周期的哪个阶段？它采用了哪种组织结构？

三、企业组织结构的设计过程

企业的总体战略不同，其组织结构也不同，但组织结构的设计过程是大体相同的。组织结构的设计一般包括以下几个步骤：部门化、确定组织层次、工作设计。

（一）部门化

部门化是指企业将组织中的岗位按其特征进行分类，然后将担任相应职务的人员聚集在一个部门，从而构成组织的各个部门。其目的是便于企业进行统一的指挥和管理。

流程部门化

企业可以按照不同的维度划分部门，常见的部门化方法有职能部门化、产品部门化、地区部门化和顾客部门化。

1. 职能部门化

按照职能划分部门时，企业会把相同或相似的活动及从事相同工作的人归并，形成生产部、销售部、财务部、人事部等。

职能部门化的优点是便于部门主管进行规划和控制，有助于提高员工的工作效率；缺点是各职能部门缺乏交流与合作。

2. 产品部门化

企业所生产的产品在生产技术、市场、销售等方面差别较大时，企业会根据产品种类来划分部门。各产品部门的负责人对某一产品或产品系列的各方面都拥有一定的决策权。

产品部门化的优点是有助于提高产品的利润率，易于客观评价各产品的绩效；缺点是各产品部门只考虑本部门的产品，缺乏对整个组织的考虑，可能影响整个组织的统一指挥。

3. 地区部门化

地区部门化是指企业为了开拓市场或者充分利用资源，按照地理区域设立部门。这种部门化方法不像职能部门化和产品部门化那样普遍，但许多国际性大公司通常采用这种方法。

地区部门化的优点是部门成员能根据本地区的特点开展工作，并对本地区环境的变化迅速地做出反应；缺点是各地区部门和总部之间的管理职责较难划分。

4. 顾客部门化

企业所服务的顾客对产品品种、质量、服务、价格的要求差别大时，企业会根据顾客的需要和顾客群设立相应的部门。许多服务型企业通常采用这种方法，如银行、保险公司等。

顾客部门化的优点是便于企业有针对性地按需生产、按需促销、按需服务；缺点是只有当顾客群达到一定的规模时，按顾客群设立的部门才能发挥出较大的作用。

（二）确定组织层次

部门化解决的是各项工作如何归类以实现统一领导的问题，接下来企业需要解决的是组织层次问题，即确定组织中每个部门的等级及相互关系。

1．管理层次

管理层次又称“组织层次”，是指在企业的最高管理者和基层员工之间设置的管理职位的层级数。管理层次是对组织结构的纵向划分，各层次的管理人员承担不同的管理职能。管理实践表明，理想的管理层次有三层，即高层管理、中层管理和基层管理。

2．管理幅度

管理幅度又称“管理跨度”“管理宽度”，是指管理者能够直接有效地指挥和领导的下级的数量。一个人的精力和体力是有限的，因此管理者的管理幅度也是有限的。

有效的管理幅度，一方面取决于管理者的素质和能力，另一方面取决于管理者所从事的管理工作的范围和性质。一般来说，高层管理者从事企业的战略决策与管理工作，管理幅度应小一些；中层和基层管理者从事执行性管理工作，管理幅度应大一些。粗略地讲，高层管理者管理 3～6 人较为合适，中层管理者管理 5～9 人较为合适，基层管理者管理 7～15 人较为合适。

3．管理层次与管理幅度的关系

在规模一定的企业中，管理幅度与管理层次成反比，如图 3-8 所示。在其他条件不变的情况下，管理幅度增大，则管理层次减少；管理幅度减小，则管理层次增加。管理幅度如果过大，就会造成管理人员的工作量过大；管理幅度如果过小，就会造成机构臃肿、人力资源浪费。

一般来说，管理幅度较大、管理层次较少的组织被称为扁平形结构；管理幅度较小、管理层次较多的组织被称为锥形结构。

（三）工作设计

工作设计是指企业为了有效地实现组织目标、满足个人需求而进行的对工作内容、岗位职能和工作关系的设计。

工作设计一般通过编制岗位说明书的形式来实现。岗位说明书就是用文字或表格的形式，具体说明每个岗位的工作内容、岗位职能及与其他岗位和部门的关系，内容一般包括工作描述和任职说明两部分。工作描述用来说明工作内容、任务、职责、环境等；任职说明用来说明企业对任职者的要求，如技能、学历、经验、体能等方面的要求。

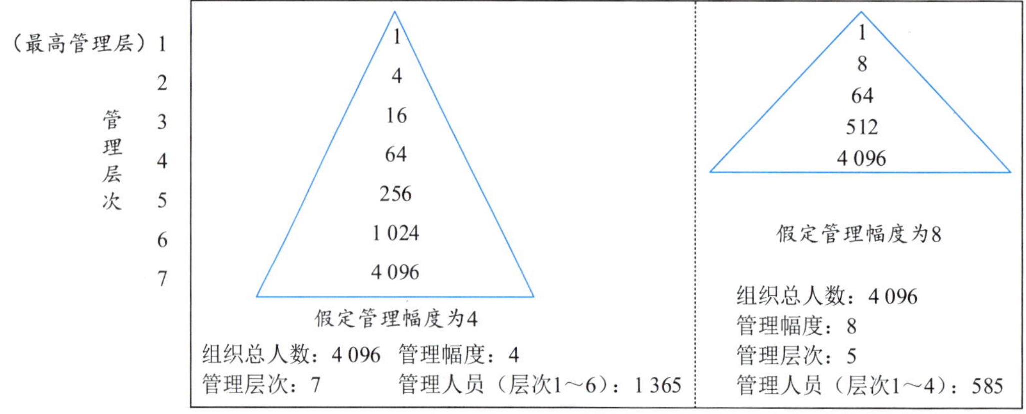

图 3-8　管理层次与管理幅度的关系

任务实施

以个人或者小组（每组 2～4 人）为单位开展企业组织结构调查活动。选择一家知名家电企业，借助互联网，调查该企业是如何设计组织结构的，讨论企业在设计组织结构时需要注意哪些问题。小组合力将调查结果整理成一篇文档。

任务三　调整企业组织结构

任务导入

G 公司的数字化转型与升级

在信息化、数字化浪潮的冲击下，市场竞争日益激烈，传统企业进行数字化转型迫在眉睫。G公司作为劳动密集型企业，为了加快转型升级步伐，董事长亲自布局“现状优化、数字化转型、转型升级”三步走的数字化战略。在竞争和转型的双重压力下，企业打算发展培训业务，培养数字化人才。

但是，G公司的组织结构并未跟随公司战略做出相应的调整。一方面，现有组织结构中缺少与企业战略相衔接的部门，未设置专门部门去调研、分析市场对数字化人才的需求情况；另一方面，组织结构功能不完善，各培训部门之间缺乏统筹与协调，各自为政，培训资源没有共享，导致培训效率低。

（资料来源：郝春鸣，《数字化转型下 F 企业大学组织结构设计案例研究》，中国知网，2021 年 12 月 2 日）

【思考题】

1. G公司为什么会调整组织结构？

2. 组织结构不合理给G公司带来了哪些不利影响？

一、企业组织结构调整的目的

企业的战略、环境、技术、规模、生命周期等都会对其组织结构产生影响。这些因素一旦发生重大改变，组织结构必须做出相应的调整。有时企业为了提高工作效率、增强灵活性、优化资源配置、提升员工士气等，也会主动调整组织结构。企业组织结构调整的目的如图3-9所示。

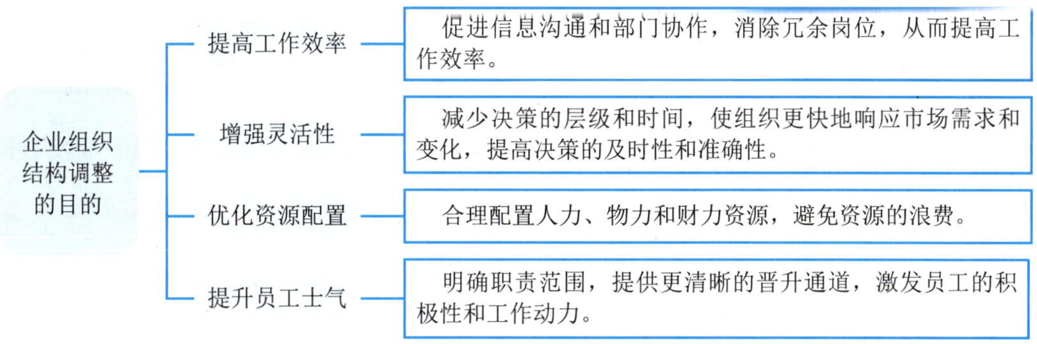

图3-9　企业组织结构调整的目的

二、企业组织结构调整的步骤

企业组织结构调整的步骤包括组织结构的效果评估、重新编制组织结构图、调整岗位说明书、人员调配与职位任命、新的组织结构运行效果分析，如图3-10所示。

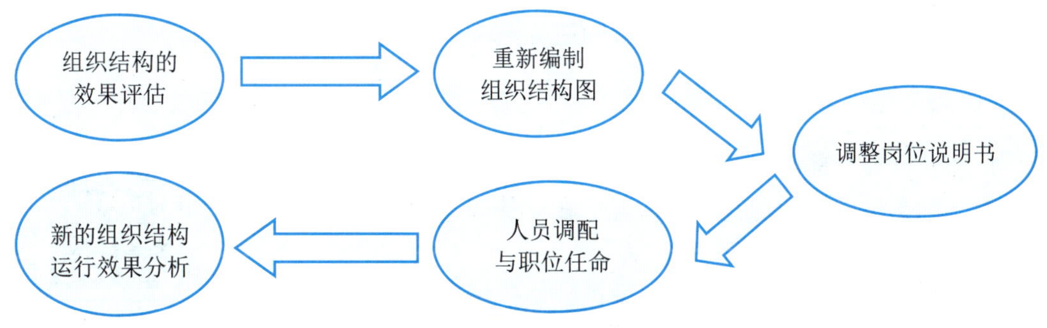

图3-10　企业组织结构调整的步骤

（一）组织结构的效果评估

人力资源部门应当定期对组织结构设计与运行效率进行全面评估。组织结构的效果评估内容主要包括企业战略的传导过程是否顺畅，岗位职责、人员权限、工作流程是否清晰、明确，以及组织结构是否高效。

企业战略的传导过程是否顺畅。比如，在企业战略的实施过程中，目标是否从上至下传达顺畅；决策过程是否迅速、高效；企业决策层是否及时收集市场前沿信息。如果常常发现上下级目标不同、方向有偏差等问题，人力资源部门主管要考虑组织结构设置是否有问题。

岗位职责、人员权限、工作流程是否清晰、明确。企业各部门是否存在推诿扯皮的现象；企业是否发现有的事情没有部门负责，而有的事情又由多个部门负责。如果有此类现象，人力资源部门主管要考虑组织结构的设置是否有问题。

组织结构是否高效。企业的管理成本的高低是由信息沟通的层级决定的。信息沟通的层级越多，管理成本就越高。除非业务规模过于庞大，否则从决策到执行的层级不应超过三层。如果企业存在一个简单的审批事项需要几个甚至十几个人审批的现象，那么其组织结构的设置很可能存在问题。

以上三个维度基本上能够评估企业组织结构的设置是否合理、高效。当企业发展停滞、组织结构出现问题时，企业需要进行组织结构调整，重新激发企业活力。

（二）重新编制组织结构图

在组织结构调整的过程中，管理幅度和管理层次可能出现变动。这时人力资源部门需要重新编制组织结构图，把组织分成若干部分，并且标明各部分之间可能存在的各种关系。在制作图表时需要考虑以下几个问题。

（1）图表的主题。确定图表的范围，是一个系统、一个部门，还是整个企业的组织结构图。

（2）简洁明了。尽量使图表形式简洁、内容明确，突出主要部门。

（3）职能。在一个矩形框里描述各部门的职能。

（4）等级与职权。描述不同等级的职务及相关责任人的权力。

（三）调整岗位说明书

仔细分析每个部门和岗位的职责、工作内容，确定是否存在职能重叠、职责不明或职位冗余的情况。在此基础上，调整岗位及岗位说明书。具体步骤如下。

岗位说明书示例

在组织结构调整的过程中，各部门的职能可能出现变动。如果部门职能的变动不大，人力资源部门在发布组织结构调整方案时，可以只说明部门的职能变动情况；如果组织结构的调整范围较大，相关部门的职能变动较大，则需要重新编写岗位说明书。

第一步，明确岗位说明书的基本信息，如岗位名称、所属部门、工作时间、岗位说明书的编写时间。

第二步，列举该岗位的具体职责、权限和工作内容，内容应详细、具体、清晰，便于员工清楚地了解所需要完成的工作。

（四）人员调配与职位任命

组织结构的调整一般是对各部门的职能进行适当调整，对部门管理人员的权责进行重新分配，对管理幅度及管理层次进行调整。在此过程中，相关人员出现人事变动在所难免。

在进行人员调配与职位任命时，企业需要确保过程的公正和透明，也需要通过沟通与支持，帮助员工更好地适应新的组织结构和工作职责。

课堂讨论

企业在调整组织结构时可能会遇到哪些阻力？如何克服这些阻力？

（五）新的组织结构运行效果分析

在新的组织结构运行时，企业应及时查找运行过程中出现的问题，以适应业务发展和市场环境的变化。这个过程可能会循环多次，以实现组织结构的持续优化。

以个人或者小组（每组 2～4 人）为单位开展企业组织结构调查活动。借助互联网，调查华为的组织结构变化情况。将华为组织结构的变革划分为不同的阶段，分析在不同阶段华为是如何调整其组织结构的。

项目实训——搭建公司架构，强化优势

一、实训背景与内容

（接项目二的项目实训）A 公司是一家新兴餐饮企业，创业之初，公司人员不多，组织结构相对简单。公司的几名创始人轮流管理餐饮部门，餐饮部门下设置 1 名餐厅经理、1 名厨师长和 1 名采购员。餐厅经理负责管理餐厅的服务人员；厨师长岗位下设置冷菜厨师、热菜厨师和面点厨师。

随着公司业务范围的扩大，现有部门设置无法满足公司发展的需要，A 公司进行了组织结构变革，重新设置管理层次。A 公司在其他地区设立了分公司，张某担任公司董事长，其他几名创始人担任分公司总经理，并设置了副总经理。为了提升工作效率，A 公司将工作进行细分，除了餐饮部外，又增加销售部、采购部和财务部。请你帮助该企业优化组织结构。

二、实训目的

通过本次实训，加深对企业组织结构相关知识的理解，在充分考虑战略环境、企业规模及生命周期的基础上，为企业设计科学、有效的组织结构，并且能够根据企业实际情况调整、优化组织结构。

三、实训步骤

（1）分组、分工。3～6 人一组，选定组长。组长结合小组成员的特长，确定任务分工。将小组成员及分工情况填入表 3-8 中。

表 3-8　小组成员及分工情况

班级：　　　　　　组号：　　　　　　教师：

小组成员	姓名	学号	任务分工
组长			
组员			

（2）编制组织结构图、编写岗位说明书。结合组织结构设计的影响因素，编制 A 公司的组织结构图。与 A 公司原先的组织结构图进行对比，分析组织结构的调整对 A 公司具有怎样的影响。编写岗位说明书，明确餐饮部、销售部、采购部、财务部等部门的职责，保证各部门的职责清晰。

（3）制作 PPT。将组织结构图、岗位说明书，以及组织结构调整对 A 公司的影响等内容以 PPT 的形式展示出来，PPT 页数不少于 15 页。

（4）演讲汇报。以抽签的方式确定汇报顺序，组长上台汇报本组分析结果，教师和其他同学可以提问或发表意见。

（5）各小组互评并打分。

（6）教师点评并打分。

四、实训评价

各小组配合教师完成如表 3-9 所示的实训评价表。

表 3-9 实训评价表

评价指标	评价标准	分值	评价分数		
			自评	互评	师评
综合素质（30%）	具有团队精神，积极与他人合作	5			
	具有创新能力和自主探究学习的意识	5			
	学习态度认真，课堂表现积极	10			
	按时完成实训任务	10			
知识与技能（70%）	掌握组织结构设计的基础知识	10			
	能够根据组织结构的影响因素合理设计组织结构	10			
	编制的岗位说明书权责清晰且实用	10			
	编制的组织结构图简洁明了	10			
	能够全面、准确地分析组织结构的调整对 A 公司的影响	10			
	汇报语言流畅、有条理	10			
	PPT 重点突出、详略得当、制作精美、图文并茂	10			
合计		100			
总评	自评（20%）+ 互评（20%）+ 师评（60%）=	学生（签名）：			
		教师（签名）：			

思考与练习

一、单选题

1. 下列选项中，（　　）不属于直线制组织结构的优点。

A. 结构简单、决策迅速、权力集中、命令统一

B. 每个管理者只负责某一方面的工作，减轻了直线管理者的负担

C. 容易维持组织纪律和秩序，管理费用较低

D. 职权明确，不易出现管理混乱的情况

2.（　　）又称“多线型组织结构”，是一种高度分权制的组织形式。

A. 直线制组织结构　　B. 事业部制组织结构

C. 矩阵制组织结构　　D. 职能制组织结构

3. 组织层次的划分主要是解决（　　）。

A. 横向结构问题　　B. 横向协调问题

C. 纵向结构问题　　D. 纵向协调问题

二、多选题

1. 下列有关事业部制组织结构的说法中，正确的有（　　）。

A. 集中决策、分散经营

B. 适用于生产规模不大、产品品种单一及市场潜力不大的企业

C. 高层主管部门可摆脱日常的行政事务，从而能够专注于战略决策事务

D. 各事业部容易各自为政，限制组织资源的有效利用和共享

2. 企业进行组织结构设计时需要遵循的原则包括（　　）。

A. 权责对等原则

B. 集权与分权相结合原则

C. 管理适度原则

D. 统一指挥原则

3. 下列有关产品部门化的说法中，正确的有（　　）。

A. 不会影响整个组织的统一指挥

B. 有利于提高产品的利润率

C. 易于客观评价产品的绩效

D. 各产品部门只考虑本部门的产品

三、判断题

1. 职能制组织结构又称“垂直式结构”“军队式结构”，它是最简单的一种组织结构形式。（　　）

2. 职能部门化不仅有助于促进员工发展更高层次的专业技能，而且不容易导致各部门各自为政。（　　）

四、简单题

1. 简述直线职能制组织结构的适用范围及优缺点。

2. 简述组织结构的影响因素。

3. 简述管理层次与管理幅度的关系。

五、案例分析题

京东集团的组织结构变革

京东集团（以下简称“京东”）创立于1998年，其核心业务包含物流、零售、数字科技、技术服务等。京东成立之初，规模很小，没有成型的组织结构。2004年，京东涉足电商领域，公司规模逐渐壮大，并建立职能型组织结构。2013年3月，京东为了提高组织效率，更好地为客户提供服务，设立营销研发部、硬件部和数据部三大事业部，将原来的职能型组织结构转变为事业部制组织结构。

2013年7月，京东成立京东金融。2014年4月，为解决京东商城和京东金融经营模式差异的问题，京东重组京东商城、京东金融、拍拍网、海外事业部等子公司和事业部。2017年4月，为了打造极致的客户体验，京东宣布组建物流集团。2018年12月，京东以客户为中心，将京东商城划分为前、中、后台。前台离客户最近，其核心任务是洞察市场和客户行为；中台为前台业务运营和创新提供专业支持；后台为整个商城提供服务支持，并管控风险。

2018年9月，京东金融更名为京东数科。2019年4月，京东数科将原来的10多个中后台部门精简为8个，精简后的部门为数字技术中心、风险管理部、法律合规部、市场营销部、研究部、战略部、财务部和人力资源部。2019年1月，京东宣布将京东商城升级为零售子集团，即京东零售。2019年5月，京东健康正式成立，它是专注于医疗健康业务的子集团。在此之后，京东集团仍不断地调整组织结构，以适应市场环境的变化。

京东组织结构调整的动因可分为以下几点：一是科技进步，商业模式改变。金融服务更加智能、普惠，京东金融若想不被淘汰，唯有不断创新。从早期的设立营销研发部、硬件部和数据部三大事业部，再到京东金融更名为京东数科并进行多次架构调整等，均受科技进步的影响。二是经济全球化。为顺应国际化趋势，京东设立海外事业部。三是客户需求多样化。企业需要以客户为中心调整自己的组织结构，包括组建物流集团、将京东商城划分为前、中、后台等。四是企业的生命周期。在企业生命周期的不同阶段，京东面临着不同的风险，其通过调整战略和结构来适应不同阶段的发展需要。五是战略的调整。例如，京东数科为了贯彻数字科技的发展战略，将原来的10多个中、后台部门减缩为8个。六是组织规模变化。从职能型组织结构到事业部制组织结构，再到后来相继组建京东物流、京东数科、京东零售和京东健康4个子集团公司，组织规模的不断扩大是推动京东不断调整组织结构的重要因素。

（资料来源：郭云贵、薛玉平，《京东集团组织结构变革的动因与启示》，
中国知网，2021年2月26日）

思考：

（1）简单梳理并概括京东集团在生命周期的各个阶段的组织结构形式。

（2）京东集团组织结构的变革给你带来哪些启示？

项目四　人力资源管理
——量才授职，人事相宜

项目导读

人才是企业的重要资源，决定企业的实力强弱和成败。有效的人力资源管理可以提高企业的核心竞争力，实现企业的可持续发展。而现实中许多企业存在人力资源管理理念落后、招聘程序不科学、培训不足、绩效管理不健全等问题，这些问题会影响企业的运营与发展，应引起企业管理者的重视。

本项目主要介绍员工招聘、员工培训、绩效考核及薪酬管理。

学习目标

知识目标

（1）了解人力资源管理的内容。

（2）理解人力资源数字化管理的含义、必要性、实现途径。

（3）掌握人力资源规划的步骤。

（4）掌握人力资源的培训流程。

能力目标

（1）能够根据企业的具体情况选择合适的招聘渠道、员工测评方法和培训形式。

（2）能够根据企业的具体情况制订合理的绩效考核方案。

（3）能够设计合理的薪酬结构。

素养目标

（1）强化“以人为本”的理念。

（2）增强平等意识与公正意识。

任务一　了解现代企业人力资源管理

任务导入

海尔集团的“赛马机制”

作为一家全球知名的家电制造商，海尔集团一直重视人力资源管理。海尔集团创始人张瑞敏认为，企业不缺人才，人人都有潜力，关键是将每一名员工所具备的潜力发挥出来。为此，海尔集团研发了“赛马机制”，该机制包括三条原则，即公平竞争、职适其能、合理流，具体内容如下。

海尔集团通过制订科学、细致的考评规则，进行严格的工作绩效考核，将员工分为试用员工、合格员工和优秀员工，三种员工实行动态转化。试用员工如果工作表现突出，就可以转为合格员工乃至优秀员工。优秀员工如果不努力工作，就会转为合格员工或试用员工。更为严格的是，每次考评都要按照比例确定试用员工的数量，如此一来，人人都有危机感。这是一种有利于员工充分发挥自身特长的机制，使每一名员工都能在企业中找到与自身能力相匹配的位置。

（资料来源：秦敏，《现代企业管理（第 2 版）》，中国人民大学出版社，2022 年）

【思考题】

1. 有人认为海尔集团的人力资源管理制度太严格，很难留住人才。你怎么看？
2. 海尔集团的“赛马机制”对员工有哪些影响？

一、人力资源与人力资源管理

（一）人力资源概述

人力资源是指能够推动组织发展，为组织提供劳动的具有体力劳动能力和脑力劳动能力的人的总和。人力资源是人类社会生产和财富创造最为宝贵的资源，有量和质的要求。

对于国家或地区而言，人力资源数量是指一个国家或地区中具有劳动能力的人口数量，即一个国家或地区的劳动适龄人口（16～60 周岁的男性、16～55 周岁的女性）总量减去其中丧失劳动能力的人口数量，加上劳动适龄人口之外具有劳动能力的人口数量。对于企业而言，人力资源的数量就是企业员工的数量。

人力资源质量是指劳动者在劳动过程中表现出的体力、智力、知识和技能水平。衡量人力资源质量的指标如下：健康卫生指标，如发病率、职业病感染率等；受教育状况指标，如大专及以上学历的人员占比、本科及以上学历的人员占比等；劳动者的技术水平指标，如员工的技术等级、员工拥有的专业技术职称等；劳动态度指标，如出勤率、缺勤率等。

（二）人力资源管理概述

人力资源管理是指企业为了获取、开发、保持和利用在生产经营过程中必不可少的人力资源，进行的与人力资源相关的计划、组织、领导和控制活动。

人力资源管理的内容包括人力资源规划、员工招聘、员工培训、绩效考核和薪酬管理等。

1. 人力资源规划

人力资源规划是指人力资源部门根据企业的发展趋势，预测企业在未来一定时间内对员工种类、数量和质量的需求，通过内部培养和外部招聘的方式来解决人力资源供给问题，从而满足企业的人力资源需求的活动。

2. 员工招聘

员工招聘是指人力资源部门根据人力资源规划和工作岗位的要求，为企业招聘、选拔所需要的人员，将员工安排到一定岗位的活动。

3. 员工培训

员工培训是指人力资源部门有计划地帮助员工提高与工作有关的综合能力的一系列活动。培训的主要目的是帮助员工学习完成工作所需的知识和技能，提高员工的工作效率。

4. 绩效考核

绩效考核是指人力资源部门考核和评价员工在一段时间内的工作能力和工作成果的一系列活动，包括设定绩效考核目标、选择绩效考核方法、建立绩效考核指标体系、确定绩效考核周期等。

5. 薪酬管理

薪酬管理是指人力资源部门对员工的基本工资、绩效、奖金、津贴及福利等薪酬结构的设计与管理活动。其目的是吸引和留住员工，激励员工更加努力地工作，促使员工长期保持良好的工作业绩。

二、人力资源数字化管理

随着科技的发展，人力资源信息系统和人力资源管理软件的普及使得人力资源管理变得更加高效、便捷，人力资源管理逐渐走向数字化。

（一）人力资源数字化管理的含义

数字化是运用先进的算法技术和完善的底层逻辑，将信息转化为数字形式，从而实现信息的存储、传输和处理的过程。人力资源数字化管理是指通过云计算、大数据、人工智能等新一代数字化技术，实现人力资源管理的标准化、规范化、智能化的过程。人力资源数字化管理的目的是提升员工的体验，增强员工对企业的信任和满意度；帮助企业制订科学的人力资源管理决策，促进企业的长期发展。

（二）实现人力资源数字化管理的步骤

企业主要通过以下四个步骤实现人力资源数字化管理：制订数字化转型策略、选择合适的数字化工具和系统、加强数字化知识和技能培训、实施信息安全保障和隐私保护，如图 4-1 所示。

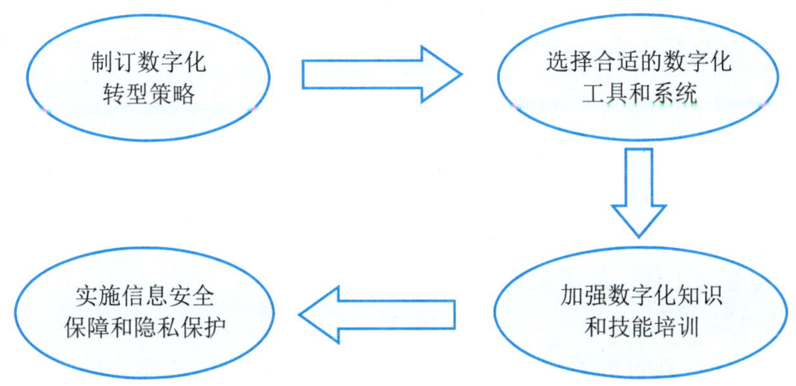

图 4-1　实现人力资源数字化管理的步骤

1．制订数字化转型策略

企业制订数字化转型策略时，需要先明确数字化转型的目的和工作重点，然后从员工招聘、薪酬管理、绩效考核等方面着手，制订具体的数字化转型计划和时间表。

2．选择合适的数字化工具和系统

选择合适的数字化工具和系统是实现数字化转型的关键。企业需要根据自身的需求选择合适的人力资源管理系统，如招聘管理系统、绩效管理系统、薪酬管理系统等。同时，企业还需要选择合适的数字化工具，如视频面试工具、电子签名工具等。

3．加强数字化知识和技能培训

实现人力资源数字化管理要求企业员工具备数字化的知识和技能，因此企业需要加强培训。企业可以通过内部培训、外部培训等方式，提高员工的数字素养和工作能力，使其更好地适应人力资源管理数字化转型的需要。

4．实施信息安全保障和隐私保护

人力资源数字化管理涉及大量的员工数据和企业机密信息，因此企业需要加强信息安全保障和隐私保护。企业需要建立完善的数据保护体系，采取多重措施（加密、备份、设置防火墙等）保护数据安全。同时，企业还需要制订相关规定，保障员工个人信息的安全和隐私。

课堂讨论

随着科技的发展，人力资源从业者需要具备哪些技能？

（三）人力资源数字化管理的作用

人力资源数字化管理赋能企业管理

1. 优化人力资源战略

企业运用数字化技术分析员工数据和市场发展趋势，可以制订更加准确的人力资源战略。例如，企业根据员工的绩效考核结果拟定晋升计划，企业根据员工的离职率调整薪酬方案等。

2. 提高管理效率

企业的人力资源管理工作包括员工招聘、员工培训、绩效考核、人员离职、人员退休等，这些都可以借助数字化技术来完成。借助数字化技术，企业可以实现员工档案电子化管理、员工薪酬与绩效自动测算、员工招聘自动化分析等，从而在较短的时间内完成较多的人力资源管理工作，使管理效率显著提高。

3. 降低管理成本

人力资源数字化管理可以实现在线招聘、建立电子档案等功能，减少了纸质文件的存储和管理成本。此外，人力资源信息系统可以自动化处理员工数据，减少了人工成本。

4. 提升员工体验

人力资源数字化管理可以实现在线考勤统计、请假申请、薪资查询等功能，从而提升员工体验，增强员工对企业的满意度。

任务实施

以个人或者小组（每组 2～4 人）为单位，借助互联网，调查深圳市腾讯计算机系统有限公司（以下简称“腾讯”）是如何进行人力资源管理的，撰写调查报告，分析其人力资源管理经验。

任务二 开展人力资源的招聘与培训

任务导入

华为的人才招聘与培训

任正非说：“华为最宝贵的财富是人才，其次才是产品技术，只要拥有一批不断成长、进步的人才，华为就一定能够研发出任何一项技术。”

华为将招聘的重点放在挖掘和培养具有很强的创新精神、学习能力和团队协作能力的人才上。一方面，华为严格筛选和审慎评估应聘者，以确保招聘到的人才能够满足公司的战略需要。另一方面，华为与顶尖高校、科研机构合作，共同发掘和培养具有潜力的高校应届毕业生和科研人员。

华为重视培训工作，在全球范围内建立了多个培训中心，为员工提供全面的培训支持。培训内容广而专，包括企业文化、企业组织结构、营销技巧、人际沟通技巧等。华为的培训方法和手段比较多样，包括在职培训和脱岗培训。在职培训主要有师带徒、工作轮换等方式。脱产培训是指员工离开工作现场，由企业邀请的专家和培训师对员工进行集中培训的一种方式。

【思考题】

1. 总结华为的人才招聘与人才培训模式。
2. 从上述案例中，你学到了什么？

一、人力资源规划

人力资源规划是指企业为了确保人才的供给，对未来发展所需的人才做出的安排。企业在进行正式的招聘之前，需要先做好人力资源规划。

（一）人力资源规划的内容

企业的人力资源规划主要分为两个层次，即总体规划和业务规划。其中，业务规划是总体规划的具体实施计划和各项业务部署，包括员工补充计划、员工培训计划、员工分配计划、员工晋升计划、劳动关系计划、员工激励计划、职业发展计划和退休解聘计划。人力资源规划的内容具体如表 4-1 所示。

表 4-1　人力资源规划的内容

<table>
<tr><th colspan="2">人力资源规划</th><th>具体内容</th><th>目的</th></tr>
<tr><td colspan="2">总体规划</td><td>对计划期内人力资源管理的总目标、总政策、实施步骤，以及总预算的安排</td><td>保证企业人力资源供需平衡，促进企业实现可持续发展</td></tr>
<tr><td rowspan="8">业务规划</td><td>员工补充计划</td><td>对企业一定时间内可能出现的员工空缺进行填补</td><td>为企业发展提供充足的后备人才</td></tr>
<tr><td>员工培训计划</td><td>为员工提供基础知识、专业技能、思维方式等方面的培训</td><td>提高员工的素质和能力，满足企业的用人需求</td></tr>
<tr><td>员工分配计划</td><td>有计划地组织企业内部员工（不同职务、部门或岗位的员工）的流动</td><td>优化部门编制，改善员工结构和规模，培养员工的综合素质</td></tr>
<tr><td>员工晋升计划</td><td>明确选拔标准，做好晋升人员的岗位安排及未晋升人员的安抚工作</td><td>满足企业岗位和职务要求，满足员工自我价值实现的需求</td></tr>
<tr><td>劳动关系计划</td><td>妥善处理劳动争议、纠纷等</td><td>改善劳动关系，减少投诉和不满</td></tr>
<tr><td>员工激励计划</td><td>建立具有激励性的薪酬体系</td><td>减少人才流失，提高员工的工作积极性</td></tr>
<tr><td>职业发展计划</td><td>制订与员工的职业发展和企业的目标相匹配的计划</td><td>提高员工对企业的满意度，降低离职率</td></tr>
<tr><td>退休解聘计划</td><td>制订退休制度、解聘程序等</td><td>降低劳务成本，提高企业整体的效率</td></tr>
</table>

（二）人力资源规划的步骤

为了确保人力资源规划的有效性，企业可以按照图 4-2 所示的步骤进行人力资源规划。

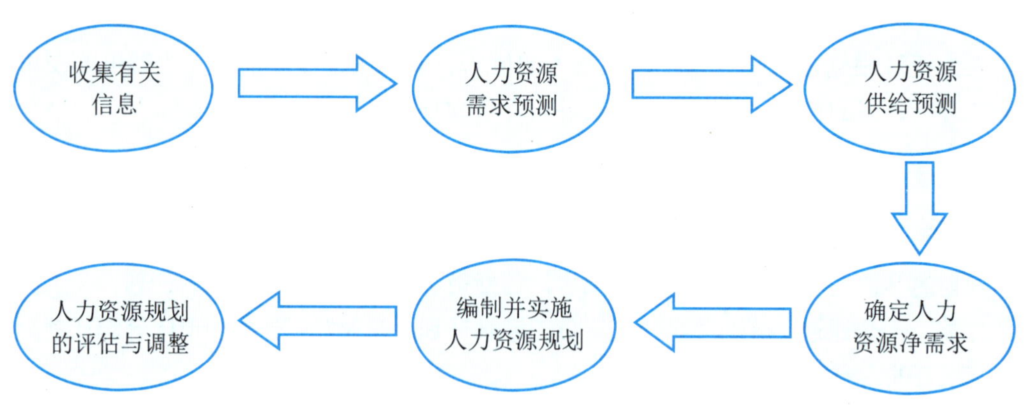

图 4-2　人力资源规划的步骤

1. 收集有关信息

企业应收集和分析企业内外部信息，以便准确完成人力资源规划。企业内部信息主要包括企业的战略计划、行动方案、各部门的计划、人力资源现状等。企业外部信息主要包括宏观经济形势、行业的竞争程度、劳动力市场情况等。

2．人力资源需求预测

企业应根据收集到的信息，对人力资源需求的数量、质量和结构进行预测。人力资源需求预测包括现实需求预测、未来需求预测和人员流失预测。人力资源需求预测的具体步骤如下。

（1）根据岗位分析的结果，确定各岗位的人员配置情况。

（2）进行人力资源盘点，统计人员的缺编、超编及是否符合岗位要求等情况。

（3）就上述统计的结果与部门管理者进行讨论，然后修正统计结果。修正后的统计结果即为现实需求预测结果。

（4）根据企业的发展规划，预测各部门的工作量增长情况，确定各部门需要增加的岗位及员工人数，并进行统计。该统计结果即为未来需求预测结果。

（5）对预测期内退休的人员数量进行统计，对未来可能发生的离职情况进行预测。

（6）将预测期内退休人员的数量和可能离职的人员数量进行汇总，得出人员流失预测结果。

（7）将现实需求预测结果、未来需求预测结果和人员流失预测结果进行汇总，即得到企业人力资源需求预测最终结果。

3．人力资源供给预测

人力资源供给预测主要预测在未来的某一时期，企业内部所能供应的和外部劳动力市场所提供的人员的数量、质量和结构。人力资源供给预测的步骤如下。

（1）对企业现有的人力资源进行盘点，了解企业员工的现状。

（2）分析企业的职务调整政策和历年员工职务调整的数据，统计出员工职务调整的比例。

（3）向各部门的主管了解将来可能出现的人事调整状况。

（4）将上述所有的数据进行汇总，得出企业内部人力资源供给的预测结果。

（5）分析影响外部人力资源供给的地域性因素和行业性因素，根据分析结果得出企业外部人力资源供给的预测结果。

（6）将企业内外部人力资源供给的预测结果进行汇总，即得到企业人力资源供给预测最终结果。

4．确定人力资源净需求

将企业人力资源需求的预测结果与同一时期企业内部人力资源供给的预测结果进行对比，推算出企业对各类人员的净需求（即“需要多少人”“需要什么人”），为企业制订员工招聘和培训计划提供依据。

5. 编制并实施人力资源规划

根据企业战略目标及人力资源净需求，编制人力资源规划，包括总体规划和各项业务计划。根据人力资源规划的内容，开展人员的招聘、培训、调任、提拔等活动。在实施的过程中，要根据计划的进度进行监控。

6. 人力资源规划的评估与调整

人力资源规划评估主要是对规划的可执行性及执行效果进行评价。人力资源部门应及时反馈评估结果，并对原规划进行调整，使其适应市场变化和企业发展的需要。

二、员工招聘

员工招聘是企业通过各种途径发布信息吸引人员来应聘，并从中选拔出企业需要的人员的过程。

（一）招聘流程

员工招聘主要包括以下几个环节：确定招聘渠道、发布招聘消息、人员甄选和录用。

1. 确定招聘渠道

根据招聘职位的性质、人力资源的供给状况等，选择合适的招聘渠道，如校园招聘、网络招聘、猎头公司招聘等。

2. 发布招聘消息

人力资源部门将要招聘的职位及相关信息，通过各个招聘平台发布给求职人群。

3. 人员甄选和录用

企业先收集并整理符合条件的求职人员资料，然后通过笔试、面试等方式对求职人员进行选拔，最后确定录用的人员，并告知其录用结果。

（二）招聘渠道

企业招聘有内部招聘和外部招聘两种招聘渠道。

1. 内部招聘

内部招聘是员工招聘的一种特殊形式。当企业中有一些比较重要的岗位存在人员空缺时，企业会从内部挑选出符合条件的员工。内部招聘有利于激发员工的斗志，形成良好的工作氛围，但是不利于吸收外来优秀人才。

2. 外部招聘

外部招聘的渠道主要包括校园招聘、人才招聘会、网络招聘、猎头公司招聘及内部推荐等。

1）校园招聘

高校是人才高度集中的地方，是企业获取人力资源的重要源泉。校园招聘是针对高校应届毕业生的招聘活动，通常在校园进行。校园招聘包括学校举办的高校应届毕业生招聘会、招聘讲座等形式。企业可以在高校中招聘到大量的高素质人才，有利于企业的长远发展。但高校应届毕业生普遍缺乏经验，企业需要用较长的时间对其进行培训。此外，校园招聘的成本也相对较高。

2）人才招聘会

各地的人才交流中心或其他人才交流服务机构每年都要举办多场人才招聘会。人才招聘会的最大特点是应聘者集中，企业可以与应聘者直接交流，企业的选择余地较大，收费比较合理。此外，参加人才招聘会可以起到很好的企业宣传效果。

3）网络招聘

企业可以将招聘信息发布在自己的网站上，也可以在一些专门的招聘网站上发布招聘信息。网络招聘的优点是信息传播范围广，成本低，企业和应聘者的选择余地大；缺点是没有针对性，需要花费较多时间筛选简历。

4）猎头公司招聘

猎头公司是一种专门为雇主“猎取”高级人才的中介机构。猎头公司招聘的优点是针对性强，成功率高；缺点是正规的猎头公司收费比较高，费用通常为应聘成功者年薪的 20%～30%。

5）内部推荐

内部推荐又称“员工推荐”，是企业内部员工利用自己的人脉资源为企业推荐优秀候选人的一种招聘渠道。内部推荐的优点是招聘成本低，招聘周期短；缺点是容易使企业内部形成小团体。

（三）人事测评

人事测评是根据岗位要求，运用科学、有效的测评方法，对应聘者的知识、能力、个性、态度和发展潜力等方面进行综合测评的活动，其目的是筛选合格的人员。常用的人事测评方法有心理测试、笔试、面试等。

1. 心理测试

常见的心理测试的种类有智力测试、情感倾向测试、人格测试等。智力测试主要测试一个人的智力水平，包括计算、推理和学习能力等。情感倾向测试主要测试一个人的情绪、思维方式、应变能力等。人格测试主要测试一个人的性格、气质、兴趣、态度等个性特征。

人事测评常用的性格测试工具——MBTI 测试

2. 笔试

笔试能够有效地测试应聘者的知识水平、文字表达能力、逻辑推理能力等。笔试的优点包括花费时间少、效率高，一次可以测试很多应聘者；对应聘者的知识、能力进行全面的考查；成绩评定比较客观。通常，在企业员工招聘录用过程中，笔试合格者才能取得进入面试或下一轮测试的资格。

3．面试

面试为企业提供了观察应聘者的机会，也为应聘者提供了了解企业及相关工作信息的机会。在面试中，应聘者先自我介绍，然后口头回答面试官的提问，最后提出自己的问题。面试官根据应聘者的表现评估其心理素质和潜在能力。

1）根据参与面试过程的人员数量分类

根据参与面试过程的人员数量的不同，面试可以分为单独面试、小组面试和集体面试。单独面试由一位面试官与一位应聘者进行面对面交谈；小组面试由两三位面试官组成面试小组，对各个应聘者进行面试；集体面试由面试小组同时对多个应聘者进行面试，引导应聘者进行讨论，从中发现并比较应聘者的素质与能力。

2）根据面试的组织形式分类

根据面试的组织形式的不同，面试可以分为结构化面试和非结构化面试。结构化面试有固定的模式，面试官按照固定的框架或问题清单对每个应聘者进行提问。非结构化面试没有固定的模式，面试官重点评估应聘者的专业知识、工作经验、求职动机、人际交往与沟通能力、应变能力、分析判断能力等。

课堂讨论

你还知道哪些人事测评方法？

三、员工培训

企业进行员工培训的目的是帮助员工提高素质和能力，使其达到岗位要求，进而促进个人和企业的共同发展。

（一）培训形式

对不同类型的员工，企业的培训方式和培训内容也不同。培训形式主要分为以下几种。

1．岗前培训

岗前培训是针对新员工的一种培训。培训内容如下：向新员工介绍企业的文化、制度、发展历程等；组织新员工参观企业，使他们熟悉企业情况；组织新员工学习业务知识、操作规程等。

2．在职培训

在职培训贯穿于实际工作之中，目的是帮助在职员工掌握工作技能和提高工作能力。在职培训的成本比较低，因为企业可以利用自身资源和员工的工作时间开展培训。

一般来说，在职培训的具体方式有以下几种。

1）学徒制培训

学徒制培训又称“师傅带徒弟”，是由工龄较长的员工给新员工传授技艺的培训方式。这种培训方式适用于技术性较强的工种，如电工、仪表工、机修工等。

2）工作指导培训

工作指导培训一般以工作流程为基础，由培训人员列出每一项工作的任务清单、完成任务的工作步骤及每个步骤所对应的关键点，然后对员工进行培训。培训人员可以是员工的直接上级，也可以是其他资深员工。

3）工作轮换

工作轮换是指企业有计划地安排员工在两个以上岗位轮换工作的培训方式。其目的是使员工有机会熟悉各岗位的特点及相互关系，帮助其掌握多种技能。这种方式适用于操作类岗位员工及管理人员的培训。

3. 脱产培训

脱产培训是指员工脱离工作现场，由企业邀请的专家和培训师对员工进行集中培训的一种方式。脱产培训分为分层次脱产培训和分专业脱产培训两大类。

1）分层次脱产培训

分层次脱产培训包括对各类管理人员的培训、对骨干员工的脱产轮训等。分层次脱产培训的特点如下：第一，强调培训对象的职务。某位员工即将担任某种职务时，必须接受一次脱产培训，以便更好地胜任新的工作或扮演新角色。第二，强调培训的综合性，即以提高员工的综合能力为培训目的。

2）分专业脱产培训

分专业脱产培训包括产品质量培训、安全生产培训、技术培训等。其特点是强调培训的专业性，即对专业部门的专业人员进行专业知识、技能的培训。

（二）培训流程

企业对员工开展培训时需要遵循以下流程：确定培训目标、制订培训计划、培训活动准备、实施培训计划等，如图 4-3 所示。

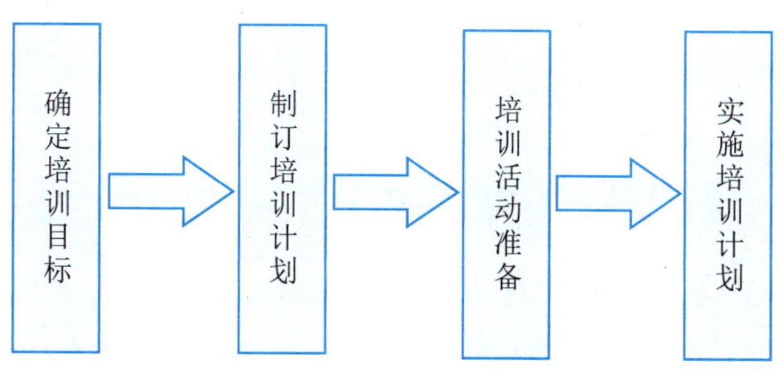

图 4-3 培训流程

1. 确定培训目标

为了保证培训活动的顺利开展，企业应该制订一个具体的、明确的、可度量的培训目标，如了解企业的发展历程、了解企业的各项制度、认同企业的价值观、提高员工的工作效率、增强员工的团队协作能力、提高员工的人际交往能力等。

2. 制订培训计划

培训计划一般包括培训目标、培训项目、培训对象、培训人员、培训时间、培训地点、培训方法、培训纪律要求等内容。企业需要将培训计划制作成书面文件，以员工培训方案书的形式展示出来，为后续培训工作的具体实施提供指导。

3. 培训活动准备

在制订好培训计划后，企业需要进行培训前的准备，一般包括人员落实、发送培训通知、物料准备及场地布置等。

（1）人员落实。确定培训对象的名单。

（2）发送培训通知。通过发送邮件、打电话、发消息等方式向相关人员发送通知。

（3）物料准备。需要准备的物料一般包括签字笔、稿纸等文具，培训手册、签到表、培训记录表等培训材料，电脑、电视、投影仪、话筒等培训设备。除此之外，还可能需要准备奖品、奖牌、服装等。

（4）场地布置。例如，张贴横幅标语，做好培训对象分组安排，检查仪器设备。

（5）其他准备工作。例如，制作培训课件，做好食宿与交通的安排，联系专家和培训师等。

4. 实施培训计划

在实施培训计划的过程中，培训人员要重视培训对象对培训内容的反馈，还要根据实际情况，及时调整培训计划，保证培训目标的实现。

任务实施

M 公司是一家以新鲜冰激凌和茶饮为主要产品的全国知名饮品连锁企业。该公司刚刚招聘了一批高校应届毕业生，人力资源部门主管计划为他们安排岗前培训，以帮助他们更快地适应岗位要求。假如你是 M 公司的人力资源部门主管，你会如何做？两人一组，制订一份岗前培训方案。

任务三　进行员工绩效考核

任务导入

绩效考核的难题

在某企业的季度绩效考核会议上，营销部经理说："本季度的产品销量不太好，我们有一定的责任，但主要的责任不在我们。竞争对手们纷纷推出新产品，他们的产品不仅质量好，而且价格便宜，导致我们的产品销量没有达到既定目标。研发部要认真总结一下原因。"

研发部经理说："我们最近推出的新产品数量确实少，但我们也是有难处的。我们的预算太少了，本来就少得可怜的预算又被财务部削减，没有钱如何开发新产品？"

财务部经理说："我是削减了你们的预算，但是你要知道，公司的采购成本一直上升，我们当然没有多少钱投在研发部。"

采购部经理说："我们的采购成本是上升了 10%，那是因为 E 国的一个生产铬的矿山爆炸了，不锈钢的价格上涨了。"

这时，营销部、研发部和财务部的三位经理一起说："哦，原来如此，这样说来，我们大家都没有多少责任了，哈哈哈哈。"

人力资源部经理说："这样说来，我只能去考核 E 国矿山的绩效了。"其他部门的经理尴尬地笑了，人力资源部经理又说道："我们开展绩效考核的目的是改善绩效。当绩效不理想的时候，大家应该关注如何改善绩效而不是划分责任。"

（资料来源：赵日磊，《绩效管理中的五个经典故事》，人力资源经理网，2011 年 6 月 19 日）

【思考题】

查阅相关资料，了解绩效考核的目的与意义。

一、绩效考核的含义及意义

（一）绩效考核的含义

绩效考核是指企业对员工的工作业绩（完成任务的数量、质量和社会效益等）、工作能力、工作态度及个人品德等进行评价，并据此判断员工与岗位的要求是否匹配的活动。

（二）绩效考核的意义

绩效考核是一个动态的过程。通过绩效考核，企业可以激励员工不断地发现问题、解决问题，从而提高工作绩效。

1. 激励员工的有效手段

奖励和惩罚是激励的主要内容，奖罚分明是人事管理的基本原则。企业要做到奖罚分明，就必须科学、严格地对员工进行考核，以考核结果为依据，决定奖励或惩罚的对象和等级。

2. 确定员工薪酬的依据

按劳定酬、按业绩定酬是企业薪酬制度的基本准则。绩效考核能够为企业制订薪酬制度提供可量化的指标，有利于确保薪酬制度的合理性。

3. 人员任用的依据

人员任用的标准是德才兼备，人员任用的原则是因事择人、用人所长、容人所短。企业管理者判断一个人的优缺点，安排其在合适的岗位从事工作，都必须以绩效考核结果为依据。企业只有进行考核，才能准确地“知人”，从而做到“善任”。

4. 员工培训的依据

通过绩效考核，企业可以准确地把握工作中的薄弱环节，发现员工的长处与不足，掌握员工的培训需要，从而制订切实可行、行之有效的培训计划。

二、建立绩效考核体系

企业要想做好员工的绩效管理，需要建立一套科学、合理的绩效考核体系。企业建立绩效考核指标体系时，需要遵循以下流程：设定绩效考核目标、选择绩效考核方法、建立绩效考核指标体系、确定绩效考核周期，如图 4-4 所示。

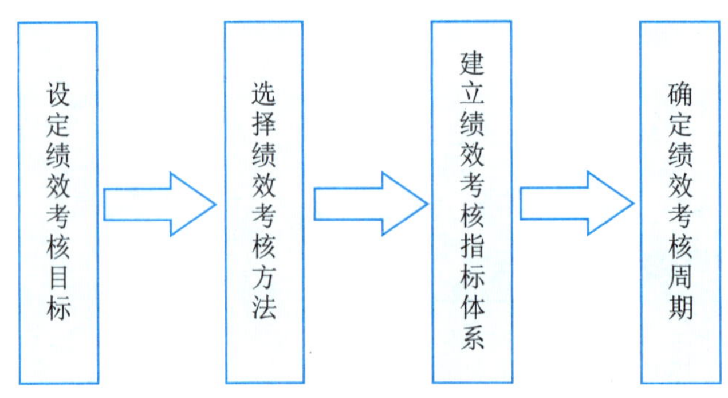

图 4-4　建立绩效考核体系的流程

（一）设定绩效考核目标

1．设定绩效考核目标时应注意的问题

从企业层面来说，绩效考核的目标应该与企业的战略目标相一致，以确保绩效管理能够真正地促进企业的发展。

从员工层面来说，绩效考核的目标不能太高也不能太低。如果目标太高，员工经过艰苦努力仍然无法达到，则员工将失去奋斗的热情，员工的工作积极性会降低；如果目标太低，员工稍微努力就能够达到，则起不到促使员工努力工作的效果，企业的发展将受到影响。

2．设定绩效考核目标时应遵循的原则

企业在设定绩效考核目标时，应该遵循 SMART 原则，如表 4-2 所示。

SMART 原则

表 4-2　SMART 原则

要素	含义	举例
S	S 代表具体（specific），指设定的目标要具体且贴近工作内容，不能笼统	错例：增强服务意识
		范例：将客户投诉率从 3%降低到 1%
M	M 代表可度量（measurable），指设定的目标要可量化	错例：为所有的老员工安排进一步的培训
		范例：培训结束后，员工的考核成绩要在 85 分以上
A	A 代表可实现（attainable），指设定的目标在员工付出努力的情况下可以实现，避免设定过高或过低的目标	错例：让没有英语基础的员工能够流利地跟国外客户交流
		范例：让员工在一年之内掌握 3 000 个新单词
R	R 代表相关性（relevant），指设定的目标要与本职工作和其他工作目标相关联	错例：让公司的前台学习软件开发
		范例：让公司的前台学习英语，方便接听国外客户的电话
T	T 代表有时限（time-bound），指设定的目标要在规定的期限内实现	错例：业绩增长 50%
		范例：一年之内业绩增长 50%

（二）选择绩效考核方法

常用的绩效考核方法有简单排序法、相对比较法、强制分布法、关键事件法和行为锚定法。

1．简单排序法

简单排序法又称“序列法”“序列评定法”，即按照绩效表现从好到坏的顺序给员工排序。这种绩效既可以是整体绩效，也可以是某项特定工作的绩效。这种方法简单易操作，但考核的员工人数不能过多，并且只适用于考核同类职务的人员。

2．相对比较法

相对比较法是先根据某一绩效标准将每一个员工与其他员工相比较，每一次比较中的优胜者得 1 分，落败者不得分，然后记录每个员工的得分，最后根据得分的高低给员工排序。具体的考核方法如表 4-3 所示。

表 4-3　相对比较法

对照组	评分组				
	员工 1	员工 2	员工 3	员工 4	员工 5
员工 1	—	0	1	0	0
员工 2	1	—	1	0	1
员工 3	0	0	—	0	0
员工 4	1	1	1	—	1
员工 5	1	0	1	0	—
总得分	3	1	4	0	2
结论	各员工的排列次序为员工 3，员工 1，员工 5，员工 2，员工 4				

这种方法操作简单，更加客观，但如果需要考核的员工人数过多，工作量会较大。因此，该方法适用于被考核的员工人数少于 10 人的团队。

3．强制分布法

强制分布法是在考核进行之前就设定好绩效水平的分布比例，再将员工的考核结果安排到分布结构里。该方法具有一定的局限性，通常与其他考核方法配合使用。

案例拓展

某公司的月度考核分为五个等级，各考核等级对应的分配比例如表 4-4 所示。

表 4-4　某公司各考核等级对应的分配比例

考核等级	奖励	占比
A（优秀）	40%的月度基本薪酬	5%
B（良好）	30%的月度基本薪酬	20%
C（称职）	20%的月度基本薪酬	50%
D（基本称职）	10%的月度基本薪酬	20%
E（不称职）	无奖励	5%

4．关键事件法

关键事件法是一种记录员工的关键行为及其结果，然后据此对其绩效水平进行考核的方法。一般由主管将员工在工作中做出的非常优秀或者非常糟糕的行为记录下来。每隔一段时间，主管与员工面谈一次，根据所记录的行为及其结果，确定该员工的绩效。

例如，小刘在员工大会上提出了一种新的生产管理思路，给公司带来了巨大的收益。这属于非常优秀的关键行为，公司决定给小刘加薪。又如，小李负责维护的四台机器因保养不到位，在一个月内频频出现故障，影响了生产进度。这属于非常糟糕的关键行为，公司决定扣除小李一部分绩效工资。

5. 行为锚定法

行为锚定法是一种基于对员工的工作行为的观察来评定员工的绩效水平的方法。企业使用该方法时，要先把岗位要求分为多个方面，如工作业绩、工作能力、工作态度等，并对每个方面的重要性进行量化，即分配权重；然后针对每个方面设定具体的标准，并设定不同档次下的具体分值；最后制作行为锚定评分表，如表 4-5 所示。企业可以利用这张表对员工进行考核。

表 4-5　行为锚定评分表

<table>
<tr><th>测评要素（权重）</th><th>项目</th><th>档次</th><th>基本标准</th><th>分值</th></tr>
<tr><td rowspan="8">工作业绩（40%）</td><td rowspan="4">工作量</td><td>A</td><td>完成的工作量超过计划工作量较多</td><td>50</td></tr>
<tr><td>B</td><td>完成的工作量略高于计划工作量</td><td>45</td></tr>
<tr><td>C</td><td>基本完成计划工作量</td><td>40</td></tr>
<tr><td>D</td><td>未完成计划工作量</td><td>25</td></tr>
<tr><td rowspan="4">工作质量</td><td>A</td><td>高于规定的质量标准</td><td>50</td></tr>
<tr><td>B</td><td>略高于规定的质量标准</td><td>45</td></tr>
<tr><td>C</td><td>基本达到规定的质量标准</td><td>40</td></tr>
<tr><td>D</td><td>未达到规定的质量标准</td><td>25</td></tr>
<tr><td rowspan="12">工作能力（40%）</td><td rowspan="4">业务能力</td><td>A</td><td>业务能力强，技术操作规范，起到模范作用</td><td>50</td></tr>
<tr><td>B</td><td>技术操作规范，没有出现过差错</td><td>45</td></tr>
<tr><td>C</td><td>技术操作不规范，出现工作误差的次数小于或等于三次</td><td>35</td></tr>
<tr><td>D</td><td>业务能力较差，技术操作不规范，出现工作误差的次数大于三次</td><td>30</td></tr>
<tr><td rowspan="4">团队合作能力</td><td>A</td><td>积极合作，带动团队完成工作</td><td>25</td></tr>
<tr><td>B</td><td>积极合作，按照团队进度完成工作</td><td>20</td></tr>
<tr><td>C</td><td>工作拖延，影响团队的工作效率</td><td>15</td></tr>
<tr><td>D</td><td>工作拖延，严重影响团队工作的进度</td><td>10</td></tr>
<tr><td rowspan="4">创新能力</td><td>A</td><td>创新意识强，积极推进技术、方法创新，并取得显著成果</td><td>25</td></tr>
<tr><td>B</td><td>创新意识强，积极推进技术、方法创新</td><td>20</td></tr>
<tr><td>C</td><td>具有一定的创新意识，能配合技术、方法创新工作</td><td>15</td></tr>
<tr><td>D</td><td>创新意识较差，不能配合技术、方法创新工作</td><td>10</td></tr>
</table>

（续表）

测评要素（权重）	项目	档次	基本标准	分值
工作态度（20%）	责任感	A	对工作高度负责，敢于面对工作挑战，敢于承担责任	50
		B	对工作负责，能接受工作挑战，能承担责任	45
		C	面对挑战，不主动应对，不主动承担责任	30
		D	对工作不负责，拒绝接受工作挑战，推卸责任	20
	纪律性	A	纪律性非常强，严格遵守公司的相关制度	50
		B	纪律性较强，未违反公司相关规定	45
		C	纪律性较差，违反公司相关规定的次数小于或等于三次	30
		D	纪律性较差，违反公司相关规定的次数大于三次	20
说明	总分为 100 分，最高分为 100 分，最低分为 48 分。 超过 85 分为优，超过 75 分为良，超过 65 分为中，65 分以下（含 65 分）为差			

（三）建立绩效考核指标体系

企业在选定考核方法之后，需要基于该方法建立绩效考核指标体系，使绩效考核指标可量化。建立绩效考核指标体系主要包括设计绩效考核指标和合理分配绩效考核指标的权重等环节。

1. 设计绩效考核指标

常见的绩效考核指标的设计方法有工作分析法和业务流程分析法，如表 4-6 所示。

表 4-6　常见的绩效考核指标的设计方法

方法	含义
工作分析法	对某一岗位的工作职责及任职者所应具备的能力进行分析，从而确定绩效考核指标及指标的重要性。 例如，某工作岗位要求员工具备创新能力，则可将创新能力设计为绩效考核指标
业务流程分析法	对员工在业务流程中担任的角色、承担的责任及同上下级之间的关系进行分析，从而确定绩效考核指标

案例拓展

某大型制造企业设计了关键绩效指标（英文简称“KPI”）考核体系，共包括八项考核指标，其中有四项属于容易扣分项。这家企业共有 30 多位中层干部，在一年的考核周期内，只有极少数的中层干部拿到了奖励，其余的中层干部都受到了处罚。中层干部对人力资源部门制订的关键绩效考核指标体系怨声载道，有 10 位中层干部受此影响，在年末提出了辞职。

2. 合理分配绩效考核指标的权重

绩效考核指标的权重会对绩效评估的成败产生关键性的影响，分配指标权重是保证绩效考核公平性的一项重要内容。在分配指标权重的时候，企业通常根据每项指标在总体的评价体系中的重要程度，赋予每项指标一个0～1之间的数值，且保证最终所有指标的权重之和加起来等于1。

（四）确定绩效考核周期

绩效考核周期并没有统一的标准，常见的考核周期有月、季、半年或一年等，企业也可以在一项特殊任务或项目完成之后进行考核。

绩效考核的周期不应过短或过长。绩效考核如果过于频繁，则会浪费管理者的精力和时间，还会给员工带来心理负担。绩效考核的周期如果过长，则企业反馈绩效考核结果太迟，不利于员工提高绩效，可能使绩效考核流于形式。

课堂讨论

在建立绩效考核体系的过程中，哪个环节最重要？为什么？

任务实施

两人一组，分析下列企业可能存在的绩效管理问题。

（1）某建筑工程企业为了追求管理精细化与提升人才的综合素质，实行全面的绩效管理。从“德、勤、绩、能”四个维度对员工进行考核，人力资源部门每个月和每个季度都要做大量的考核、调研工作。结果显示，企业业绩并没有改善，管理成本反而大幅上升，主要原因就是企业的岗位太多，绩效考核的工作量太大。

（2）某美容护肤连锁企业对店长实行季度考核，将超出门店利润目标的部分盈利作为店长的季度奖励。如果门店当季没有超额利润，则店长没有任何奖励。即使在企业经营状况最好的年份，也只有一位店长获得了季度奖励，而且奖励金额比较少。

（3）某进出口贸易公司每月都对员工进行绩效考核，但是不反馈考核结果，也不会在当月或次月兑现考核奖励。该公司声称，会将考核数据积累到年终，将考核结果与年终奖挂钩。

任务四　设计员工薪酬体系

任务导入

解决新、老员工薪酬平衡问题

某公司为了追求更好的发展，高薪聘请了一名专业人才担任公司管理者。该管理者的工资比公司其他资历深的管理者要高很多。许多管理者对此表示不满，要求涨工资，甚至有位总监因此提出了离职。

小梁身为人力资源部门的主管，向总经理提了两点建议：一是适当缩小新、老员工的工资差距，在员工福利和调薪方面适当向老员工倾斜，如发放工龄补贴、根据服务年限发放住房补贴等，做好老员工的安抚工作；二是明确新员工的绩效考核指标，激励新员工努力工作。

总的来说，公司的工资水平应符合市场的行情，除非有特别的理由，不然新员工比老员工的工资高势必会引起老员工的不满。

【思考题】

查阅相关资料，罗列员工薪酬水平的影响因素。

一、薪酬概述

（一）薪酬的内容

薪酬是员工为企业付出劳动而得到的回报，既包括以货币收入形式表现的直接报酬，也包括以非货币收入形式表现的间接报酬。直接报酬包括工资、奖金、津贴、补贴等，间接报酬包括法定福利、公司福利等。

课堂讨论

薪酬和工资一样吗？如果不一样，两者有什么区别？

薪酬与工资的区别

1. 工资

工资是指企业根据员工所提供的劳动数量和质量，按照事先规定的标准付给劳动者的劳动报酬，也就是劳动的价格。工资包括基本工资和绩效工资。

基本工资是指员工只要在企业中工作，就能定期拿到的固定数额的劳动报酬。基本工资多以时薪、月薪、年薪等形式体现。

绩效工资是指工资中随着员工的工作努力程度和劳动成果的变化而变化的部分。绩效工资和业绩直接挂钩。

2．奖金

奖金是企业因员工的优秀表现或对员工付出的超额劳动所支付的报酬。企业中常见的奖金形式有全勤奖金、年终奖金等。

3．津贴与补贴

津贴与补贴是企业对员工在特殊劳动条件和工作环境中的额外劳动消耗和额外生活费用支出的补偿。通常把对工作的补偿称为津贴，如夜班津贴、高寒地区津贴、高温作业津贴等；把与生活相联系的补偿称为补贴，如用餐补贴、交通补贴、供暖费补贴等。

4．股权

有些企业以企业的股权作为员工的薪酬，目的是让员工为实现企业的长期利润最大化而不断努力。

5．福利

福利是间接薪酬，是企业为员工提供的除工资、奖金、津贴等之外的一切优厚待遇，包括法定福利和企业福利。

1）法定福利

法定福利是政府通过立法要求企业必须提供的福利，包括为员工缴纳养老保险、医疗保险、工伤保险、生育保险、失业保险和住房公积金，如表 4-7 所示。

表 4-7　法定福利的内容

内容	含义
养老保险	养老保险是指国家和社会根据一定的法律和法规，为劳动者在达到国家规定的解除劳动义务的劳动年龄界限，或因年老丧失劳动能力退出劳动岗位后的基本生活而建立的一项社会保险制度
医疗保险	医疗保险是指劳动者因疾病、受伤或生育需要治疗时，由社会提供必要的医疗服务和物质保障的一项社会保险制度
工伤保险	工伤保险是指劳动者在工作中或在规定的特殊情况下，遭受意外伤害或患职业病导致暂时或永久丧失劳动能力及死亡时，劳动者或其遗属从国家和社会获得物质帮助的一项社会保险制度
生育保险	生育保险是指国家通过立法，在职业妇女因生育子女而暂时中断劳动时，由国家和社会及时给予生活保障和物质帮助的一项社会保险制度
失业保险	失业保险是指依法参加社会保险的劳动者，因失业而没有经济收入时，由国家和社会按规定在法定时间内补贴其因失业而损失的部分经济收入，从而保障其基本生活的一项社会保险制度
住房公积金	住房公积金是指由国家机关、国有企业、城镇集体企业、外商投资企业、城镇私营企业及其他城镇企业、事业单位、民办非企业单位、社会团体及其在职员工缴存，归属员工个人所有，专项用于解决员工住房问题的一项住房保障制度

2）企业福利

企业福利是指在没有政府立法要求的前提下，企业为了吸引人才或提升员工幸福感，主动提供的福利，如工作餐、节日礼物、健康体检等。

（二）影响薪酬的因素

一般来说，影响薪酬的因素有外部因素和内部因素两个方面。

1．外部因素

影响薪酬的外部因素主要有政府法规、当地的经济发展水平、行业水平和劳动力市场的供求关系。

1）政府法规

企业的薪酬制度必须符合国家和地方的法规，如对员工最低工资的规定、对节假日工资的规定、对加班工资的规定等。

2）当地的经济发展水平

一般来说，发达地区经济增长速度较快，就业机会较多，竞争比较激烈，薪酬水平也相对较高；而欠发达地区经济增长速度较慢，就业机会较少，竞争不太激烈，薪酬水平也相对较低。

3）行业水平

行业水平对薪酬的影响是显著的。行业发展趋势、行业特点等都会影响薪酬。一般来说，高科技、金融和医疗等行业的薪酬水平相对较高，而制造业、物流和零售等行业的薪酬水平相对较低。

4）劳动力市场的供求关系

如果劳动需求大于劳动供给，那么企业会提高薪酬水平，以吸引和留住人才。如果劳动供给大于劳动需求，那么企业会降低薪酬水平，以控制成本。

2．内部因素

影响薪酬的内部因素主要有企业规模、企业经营状况、岗位特点和员工特征。

1）企业规模

一般来说，大型企业的资金实力雄厚，薪酬水平相对较高。这是因为大型企业会在员工薪酬和福利方面投入更多的资源和资金。但这不是绝对的，一些小型企业为了吸引和留住人才，也会提供具有竞争力的薪酬。这些薪酬水平较高的企业更加关注员工的工作表现和贡献，用高薪激励员工更加努力地工作。

2）企业经营状况

企业的经营状况直接决定了企业的薪酬支付能力。如果一个企业的经营状况良好，可以获得稳定的乃至持续增长的经济收益，企业的薪酬水平自然较高；而如果一个企业的经营状况不佳，入不敷出，即使企业有支付高薪酬的意愿，也是心有余而力不足。

3）岗位特点

不同的岗位在工作内容、职责、技能要求等方面存在差异，因此其薪酬水平也不同。一般来说，岗位位于组织结构的上层时，该岗位的工作内容相对复杂，员工承担的责任较大，其薪酬水平也较高。

4）员工特征

一般来说，员工的受教育程度、资历、发展潜力与薪酬水平正相关。企业为了吸引高层次人才与组建稳定的员工队伍，往往支付给受教育程度较高、资历较深、发展潜力较大的员工更高的薪酬。

二、薪酬体系设计

薪酬体系的设计步骤如下：确定薪酬策略、工作分析与薪酬调查、设计薪酬结构，如图 4-5 所示。

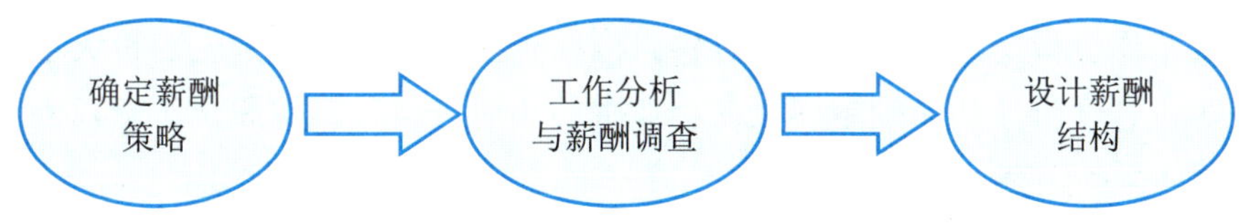

图 4-5　薪酬体系的设计步骤

（一）确定薪酬策略

企业的薪酬策略有四种，分别是市场领先策略、市场跟随策略、市场滞后策略和混合策略。

1．市场领先策略

市场领先策略是指企业的薪酬水平在市场居于领先地位的策略。这种薪酬策略以高薪为代价，在吸引和留住员工方面具有明显优势。如果企业有足够的资金实力，希望以高薪吸引人才，可以采用这种策略。

2．市场跟随策略

市场跟随策略是指企业的薪酬水平与市场平均薪酬持平的策略。在这种情况下，企业吸纳员工的能力与竞争对手持平。如果企业的资金实力有限，可以采用这种策略。

3．市场滞后策略

市场滞后策略是指企业的薪酬水平低于竞争对手或市场平均薪酬的策略。企业如果规模较小，边际利润率较低，没有能力为员工提供高薪，则只能采用这种策略。这种策略不利于吸引高素质人才，可能造成人员的大量流失。

4．混合策略

混合策略是指企业根据职位的类型或层级来制订不同的薪酬策略。例如，对关键岗

位，企业可以采用市场领先策略；对其他岗位，企业可以采用市场跟随策略或市场滞后策略。在实际操作中，很多企业都采用混合策略。

（二）工作分析与薪酬调查

1. 工作分析

工作分析是确定薪酬体系的基础。企业采用访谈、问卷调查、资料分析等方法，明确企业内部岗位的职责权限和任职资格。工作分析主要包括工作内容分析和工作岗位分析这两部分。

工作内容分析是对职责、任务、工作环境、工作流程等进行分析，其目的是明确员工的工作特点、价值贡献及需要承担的责任。

工作岗位分析是分析岗位的特性和任职要求。岗位特性分析包括对岗位名称、岗位之间的关系、岗位的关键考核指标等的分析；岗位任职要求分析包括对任职者的年龄、性别、学历、经验、知识技能和职业素养等的分析。

在完成工作分析之后，企业需要对各岗位在企业中的影响范围、职责大小、工作强度和难度等进行评价，从而确定岗位在企业中的相对价值，确定职位等级，为企业制订合理的薪酬体系提供有力支持。

2. 薪酬调查

企业一般通过网络调查、实地发放问卷等方式，收集市场上相关企业、相关岗位的薪酬水平及相关信息。薪酬调查的范围一般是企业所处的地区、行业，因为企业的目标人才通常在这个范围内流动。

（三）设计薪酬结构

薪酬结构是指企业内各职位的薪酬构成，是由企业根据总体战略、企业的实际支付水平、市场薪酬水平及员工的业绩等综合因素确定的。

1. 明确薪酬体系的最高及最低薪酬

管理者要按照薪酬调查所得到的详细数据，结合企业实际情况，明确整个薪酬体系的最高及最低薪酬。在这个过程中，管理者需要考虑人才供需情况，保证企业所定的薪酬在人力资源市场中具有一定的竞争力。

2. 明确薪酬等级的数量

管理者要按照工作分析及薪酬调查的结果，将企业内全部岗位划分为若干等级。具体来说，岗位价值差别较大的岗位要归入不同的等级，岗位价值接近的岗位可以归入相同等级。确定薪酬等级的数量时，一般要考虑以下几个因素。

（1）企业的规模及组织结构。企业规模越大，管理层级越多，薪酬等级的数量就应该多一些；企业规模越小，组织结构越扁平化，薪酬等级的数量就应该少一些。

（2）工作性质、工作复杂程度。如果岗位工作性质差别大，工作复杂程度高，薪酬等级的数量就应该多一些；反之，薪酬等级的数量应该少一些。

3. 明确同一薪酬等级的薪酬变动范围

同一薪酬等级内有很多岗位，企业应该给每个岗位留有工资提升空间，因此，同一薪酬等级的薪酬变动范围要适中。一般来说，技能水平要求较低、职级较低的岗位对应的薪酬变动范围较小；技能水平要求较高、职级较高的岗位对应的薪酬变动范围较大。

例如，低级职位的薪酬变动比率可以设定为30%～60%，高级职位的薪酬变动比率则可以设定为50%～100%，甚至有可能超过100%。

管理贴士

一般用薪酬变动比率来衡量薪酬变化幅度，薪酬变动比率＝（同一薪酬等级的薪酬最大值－同一薪酬等级的薪酬最小值）÷同一薪酬等级的薪酬最小值×100%。

4. 明确相邻薪酬等级的重叠幅度

目前大多数企业在设计薪酬结构时，都会使相邻两个薪酬等级有重叠的部分。这样当员工获得晋升后，其薪酬水平不会比原来高太多，能避免引起原来与其处于同一薪酬等级的员工的不满。但是，重叠的范围不宜过大，否则会削弱不同薪酬等级反映不同岗位价值的作用。

三、激励性薪酬计划

激励性薪酬计划是指企业为员工提供多样化、非结构化的变动式薪酬。企业实施激励性薪酬计划的目的是增强员工的责任感和主体意识，促使员工将成果与企业利益紧密地联系起来。

（一）短期激励计划

短期激励计划旨在激励员工提高短期绩效，常见的短期激励方式有年终奖、年底双薪、业绩提成、加薪等。

企业在实施短期激励计划的时候必须明确资格条件和奖励数额。资格条件决定哪些员工能够获得薪酬奖励，奖励数额决定员工能够得到的具体金额。企业在确定资格条件和奖励数额时，应当先根据每个工作岗位的特点制订奖励标准，然后依据实际绩效做出具体的调整。对绩效较低的员工，企业不应给予任何奖励；对绩效突出的员工，企业应给予丰厚奖励。

（二）长期激励计划

长期激励计划旨在为员工提供积累财富的机会，鼓励员工与企业共同努力，保证企业的长期、持续发展。常见的长期激励方式有股票期权、员工持股等。

1. 股票期权

股票期权是上市公司给予企业的高级管理者和技术骨干，在一定期限内以一种固定价格（授予期权时股票的市场价值）购买公司普通股的权利。员工希望未来股票价格能够上涨而不是下跌，进而努力工作，为公司创造更多的效益。由于股票期权是未来执行，所以在留住员工方面有一定的作用。

2. 员工持股

员工持股是指上市公司或内部发行股票的企业向员工提供股票所有权的激励方式。通过持股，员工掌握了象征企业财富的股票，能够真正地承担合伙人的义务，实现地位和角色的彻底转变。此外，员工还能因为持有企业股票获得财务和税收上的优惠，并获得股票升值带来的收益。

知识视窗

激励员工的方法有很多，除了薪酬激励，企业还可以建立公平、公开的晋升制度，提供学习和发展的机会，实行灵活多样的弹性工作制度等，为员工提供精神激励。常见的精神激励方法有情感激励、榜样激励、荣誉激励、惩戒激励，如表 4-8 所示。

表 4-8　常见的精神激励方法

方法	具体内容
情感激励	管理者多关心员工的生活和身心健康
榜样激励	企业以树立个人或者集体榜样的方式，提高员工的工作积极性
荣誉激励	企业给予表现优秀的员工奖状、口头夸赞等，使员工获得心理上的满足，增加其对企业的认同感和归属感
惩戒激励	企业对员工的某种不良行为进行否定和批评，使员工从失败和错误中吸取教训，从而减少或避免不良行为。惩戒得当有利于激发员工的积极性和创造性

任务实施

以个人或者小组（每组 2～4 人）为单位开展企业调查活动。借助互联网，调查知名互联网企业是如何进行激励性薪酬管理的。

项目实训——为 A 公司设计人力资源管理计划

一、实训背景与内容

（接项目三的项目实训）A 公司正处于高速发展阶段，人才需求比较旺盛，对人员的要求也在不断提高。人力资源部门计划从人员的招聘、培训、绩效考核、人员激励等几个方面入手，全面提高员工的工作能力和工作积极性。

请帮助 A 公司制作一个 PPT，阐述 A 公司的人员管理计划，主要内容包括员工招聘与培训计划、绩效考核方案、薪酬体系的设计等。

二、实训目的

通过本次实训，加深对企业人力资源管理知识的理解，并根据企业的实际情况解决各种人力资源管理问题。

三、实训步骤

（1）分组、分工。3～6 人一组，选出组长。组长结合小组成员的特长，确定任务分工。将小组成员及分工情况填入表 4-9 中。

表 4-9　小组成员及分工情况

班级：　　　　组号：　　　　教师：

小组成员	姓名	学号	任务分工
组长			
组员			

（2）制订员工招聘与培训计划。员工招聘与培训的主要内容包括招聘需求、招聘渠道、人事测评方法、培训形式、培训流程等。

（3）制订绩效考核方案。选择合适的绩效考核方法，设计绩效考核指标，对员工的绩效进行考核、评价。

（4）设计薪酬体系。调查餐饮行业的薪酬水平，结合 A 公司的实际支付水平，制订合理的薪酬体系。

（5）制作 PPT。将员工招聘与培训计划、绩效考核方案和薪酬体系的设计方案以 PPT 的形式展示出来，PPT 页数不少于 15 页。

（6）演讲汇报。以抽签的方式确定汇报顺序，组长上台汇报本组分析结果，教师和其他同学可以提问或发表意见。

（7）各小组互评并打分。

（8）教师点评并打分。

四、实训评价

各小组配合教师完成如表 4-10 所示的实训评价表。

表 4-10　实训评价表

<table>
<tr><th rowspan="2">评价指标</th><th rowspan="2">评价标准</th><th rowspan="2">分值</th><th colspan="3">评价分数</th></tr>
<tr><th>自评</th><th>互评</th><th>师评</th></tr>
<tr><td rowspan="4">综合素质（30%）</td><td>具有团队精神，积极与他人合作</td><td>5</td><td></td><td></td><td></td></tr>
<tr><td>具有创新能力和自主探究学习的意识</td><td>5</td><td></td><td></td><td></td></tr>
<tr><td>学习态度认真，课堂表现积极</td><td>10</td><td></td><td></td><td></td></tr>
<tr><td>按时完成实训任务</td><td>10</td><td></td><td></td><td></td></tr>
<tr><td rowspan="7">知识与技能（70%）</td><td>掌握人力资源管理基础知识</td><td>10</td><td></td><td></td><td></td></tr>
<tr><td>员工招聘计划的内容全面、具体，具有可操作性</td><td>10</td><td></td><td></td><td></td></tr>
<tr><td>员工培训计划的内容全面、具体，具有可操作性</td><td>10</td><td></td><td></td><td></td></tr>
<tr><td>绩效考核方案的内容详细、灵活，具有可操作性</td><td>10</td><td></td><td></td><td></td></tr>
<tr><td>薪酬体系合理、灵活，具有可操作性</td><td>10</td><td></td><td></td><td></td></tr>
<tr><td>汇报语言流畅、有条理</td><td>10</td><td></td><td></td><td></td></tr>
<tr><td>PPT 重点突出、详略得当、制作精美、图文并茂</td><td>10</td><td></td><td></td><td></td></tr>
<tr><td colspan="2">合计</td><td>100</td><td></td><td></td><td></td></tr>
<tr><td rowspan="2">总评</td><td rowspan="2">自评（20%）+ 互评（20%）+ 师评（60%）=</td><td colspan="4">学生（签名）：</td></tr>
<tr><td colspan="4">教师（签名）：</td></tr>
</table>

思考与练习

一、单选题

1. 人力资源管理是指企业为了获取、开发、保持和利用在生产经营过程中必不可少的人力资源，进行的人力资源相关的计划、组织、（　　）和控制的活动。

A. 指导　　B. 领导

C. 实施　　D. 开展

2. 工资是指企业根据员工所提供的（　　），按照事先规定的标准付给劳动者的劳动报酬。

A. 劳动数量　　B. 劳动质量

C. 劳动数量和质量　　D. 劳动效率

3.（　　）是指企业根据职位的类型或层级来制订不同的薪酬策略。

A. 市场领先策略　　B. 市场滞后策略

C. 市场跟随策略　　D. 混合策略

二、多选题

1. 人力资源管理的具体工作内容包括（　　）。

A. 薪酬管理　　B. 员工招聘

C. 员工培训　　D. 绩效考核

2. 员工招聘的测评方法有（　　）。

A. 心理测试　　B. 面试

C. 笔试　　D. 人格测试

3. 影响薪酬的外部因素有（　　）。

A. 企业规模　　B. 企业经营状况

C. 当地的经济发展水平　　D. 劳动力市场的供求关系

三、判断题

1. 企业进行绩效考核最重要的目的就是确定奖励和惩罚的依据。（　　）

2. 企业为了吸引和留住员工可以采用市场领先薪酬策略。（　　）

四、简答题

1. 简述培训的流程。

2. 简述绩效考核的意义。

3. 简述建立绩效考核体系的流程。

五、案例分析题

H公司的薪酬体系设计

H公司是一家中等规模的科技公司，主要从事手机的开发、制造和销售等活动。近期，H公司的员工离职率不断上升，严重影响了公司的项目进程。

调查发现，员工普遍对公司的薪酬制度不太满意，特别是一些骨干员工觉得在公司没有晋升的机会，没有发展前途，于是纷纷离职。H公司决定进行薪酬改革。

首先，开展薪酬调查。一方面，开展市场调查，调查手机行业的平均薪酬水平，确保本公司的薪酬水平在行业中具有竞争力；另一方面，开展企业内部调查，采用问卷调查、与员工访谈等多种方式，了解员工对薪酬体系的要求。

然后，预估薪酬总额，调整员工的薪酬。H公司在预估薪酬总额时要充分考虑以下三个因素：公司的支付水平、员工的基本生活费用、行业的平均薪酬水平。H公司还要解决以下问题：哪些员工的工资需要涨，涨多少；哪些员工的工资超出他对公司的贡献，是否需要减少，减少多少。对于那些工作能力强、对公司做出过较大贡献的员工，H公司应借此机会把其工资涨上去。这样可以安抚员工，降低员工离职率。

最后，设计薪酬结构。在进行薪酬设计时，H公司应遵循公平性、激励性、可操作性、灵活性等原则，采用“行业平均薪酬+股权+福利”的薪酬计算方式，为员工提供合理的薪酬。

思考：

（1）不合理的薪酬体系给H公司带来了哪些影响？

（2）H公司是如何进行薪酬改革的？

项目五　生产运作管理
——质效并举，创造价值

项目导读

生产运作管理是企业管理的重要环节，涉及市场需求、生产效率、产品质量、成本控制等方面。企业为了提高竞争力和经济效益，也为了准时地为社会和客户提供产品和劳务，必须对生产运作活动进行计划、组织、领导和控制等一系列管理活动。

本项目主要介绍生产计划的制订、采购管理、质量管理、物流管理等内容。

学习目标

知识目标

（1）掌握生产计划编制的步骤与生产作业计划的编制方法。

（2）掌握采购的流程与方式。

（3）熟悉采购质量管理的内容。

（4）掌握全面质量管理的特征及流程。

（5）掌握物流管理的方法。

能力目标

（1）能够准确地核定企业的生产能力。

（2）能够建立企业的质量管理体系。

素养目标

（1）提高人际交往能力和组织策划能力。

（2）增强质量意识，提升质量管理水平。

任务一　制订现代企业生产计划

任务导入

某国有企业的生产能力核定失误

某国有企业与外商拟定了一份供销合同。合同约定，外商向该企业提供价值300万元的生产设备，两年后，该企业无偿拥有这些设备的所有权。在两年合同期内，该企业按双方商定好的价格每年为外商提供10 000件某种产品，若无法按时提供货物，该企业需要向外商支付巨额赔偿金。

该企业管理者简单地核定了企业的生产能力，觉得企业可以按时提供货物且有利可图，便与外商正式签订了合同。

生产设备到位后，企业按照生产计划，立即组织生产。由于企业的生产能力不足（企业管理者严重高估了企业的生产能力），生产计划无法按时完成。第一年，企业生产出8 000件产品，按照合同规定，赔付给外商200万元。第二年，企业为了挽回经济损失，重新制订生产计划，调整了生产方式。但企业只生产出8 500件产品，又赔付给外商300万元。辛苦两年，企业竟然损失500万元。

【思考题】

该企业遭受巨大损失的原因是什么？

一、生产计划的概念及指标

生产计划是企业对在计划期内生产的产品品种、质量、产量和产值等的计划和对产品生产进度的安排，其内容包括生产什么、生产多少、在哪里生产、什么时候完成。

生产计划的主要指标有以下几个。

（一）产品品种

产品品种决定企业在品种方面满足社会需求的程度，并在一定程度上反映企业的技术水平和管理水平。一般来说，产品品种越多，越能满足不同的社会需求。但是，生产过多的品种，会分散企业的生产能力，使企业难以形成规模优势。因此，企业应结合实际情况，合理确定产品品种，加快产品的更新换代。

如何确定产品品种指标

（二）产品质量

产品质量是衡量产品使用价值的重要标志，也是反映企业所生产的产品能否适合社会需求的主要指标。产品质量指标可分为两类：一类是反映产品本身的质量指标，主要有产品的性能、使用寿命和安全性等；另一类是反映生产工作质量的指标，主要有废品率、合格率和返修率等。

（三）产品产量

产品产量反映企业在计划期内向社会提供的产品数量及企业的生产水平。产品产量通常以适合实物性能特征、体现产品使用价值的计量单位表示。例如，电视机用“台”表示、钢铁用“吨”表示。

（四）产品产值

产品产值是指企业在计划期内生产的最终产品或提供的劳务活动的总价值。产品产值的具体指标有以下几种。

1. 商品产值

商品产值是指企业在计划期内生产的可供销售的合格产品或提供的工业性劳务价值。商品产值的内容包括企业用自备的原材料生产的可供销售的成品价值或外售的半成品价值；企业用订货者的原材料生产成品的加工价值；企业对外提供的工业性劳务价值。

管理贴士

工业性劳务是工业产品的一种形式。它不是制造出具有新的使用价值的物质产品，而是在不改变原有产品的物质形态和基本性能的基础上，对原有产品已存在或已丧失的使用价值的补充、提高或恢复。例如，加工作业、设备技术改造劳务等都属于工业性劳务。

2. 总产值

总产值是企业在计划期内完成的以货币单位表示的产品和劳务总量。它反映了企业在计划期内的生产总规模和总水平，其内容包括本期生产成品价值、对外加工费收入、自制半成品与在制品的期末和期初差额价值。

3. 净产值

净产值是指从总产值中扣除各种物资消耗的价值后的余额，是企业在计划期内新创造的价值。

知识视窗

计算净产值的方法有生产法与分配法。

（1）生产法是以总产值为基础来计算净产值，计算公式为

净产值 = 总产值 − 物资消耗价值

式中，物资消耗价值是指原材料、辅助材料、燃料及其他物资消耗费用。

（2）分配法是从国民收入的初次分配角度出发来计算净产值。分配法是将构成净产值的各项要素（如工资、税金、利润等）直接相加，计算公式为

净产值 = 工资 + 税金 + 利润 + 其他属于国民收入初次分配性质的支出

式中，其他属于国民收入初次分配性质的支出主要包括利息支出和罚金支出等。

二、生产计划的编制步骤

生产计划的编制步骤包括调查研究、核定生产能力和确定生产计划指标，如图 5-1 所示。

图 5-1　生产计划的编制步骤

（一）调查研究

在编制生产计划之前，企业需要研究企业外部和内部的情况。企业外部的情况包括市场需求情况、市场竞争情况、企业生产所需资源的供应情况等。企业内部的情况包括企业的经营目标、经营方针、生产能力、劳动力现状、产品开发的进度等。

（二）核定生产能力

核定生产能力是指企业对实际生产能力进行核算与确定。生产能力的核定方法因企业产品品种的不同而不同，单一品种生产条件下的核定方法比较简单，多品种生产条件下的核定方法相对复杂。

1. 单一品种生产条件下的核定方法

（1）当生产能力取决于设备组时，生产能力的计算公式为

设备组的生产能力 = 单位设备有效工作时间 × 设备数量 × 单位设备产量定额

或

设备组的生产能力 = 单位设备有效工作时间 × 设备数量 ÷ 单位产品台时定额

其中，单位设备产量定额是指单位时间内一台设备生产的产品数量。单位产品台时定额是指一台设备完成一单位产品需要的时间。

（2）当生产能力取决于流水线的关键工序（加工工时最长的一道工序）时，生产能力的计算公式为

流水线的生产能力 = 流水线有效工作时间 × 关键工序的机床数 ÷ 关键工序的工时定额

其中，关键工序的工时定额是指生产一单位产品需要的关键工序时间。

2. 多品种生产条件下的核定方法

当生产能力取决于设备组时，生产能力的核定方法有标准产品法、代表产品法和假定产品法。

1）标准产品法

标准产品法的核定步骤如下：先把企业的不同产品折算成标准产品，然后按单一品种生产条件下的核定方法来确定设备组的生产能力。

2）代表产品法

代表产品法的核定步骤如下：先按照产品的性质、工艺过程、所耗费的劳动量，选定代表产品；然后按单一品种生产条件下的核定方法计算以代表产品表示的生产能力；接着计算每种产品与代表产品的换算系数；最后核定具体产品的生产能力。

代表产品法直观、易懂，但是有些企业的产品在工艺过程上可能有很大差别，企业难以确定其代表产品。在这种情况下，企业需要用假定产品法核定生产能力。

3）假定产品法

假定产品法的核定步骤如下：计算假定产品台时定额，即计算全部产品台时定额的加权平均数；以假定产品台时定额为标准，用单一品种生产条件下的核定办法计算设备组的生产能力；核定设备组对具体产品的生产能力。设备组对具体产品的生产能力计算公式为

设备组对第 i 种产品的生产能力 = 设备组对假定产品的生产能力 × 第 i 种产品占假定产品总量的百分比

【例 5-1】某企业生产甲、乙、丙、丁四种产品，每种产品的计划产量分别为 200 台、100 台、300 台、50 台，每种产品台时定额分别为 50 台时、80 台时、100 台时、120 台时。车床组共有 12 台车床，每天工作 8 个小时，一年工作 306 天，设备故障停机率为 5%。用假定产品法计算各产品的生产能力（计算结果按四舍五入原则保留整数）。

$$\text{假定产品台时定额} = 50 \times \frac{200}{650} + 80 \times \frac{100}{650} + 100 \times \frac{300}{650} + 120 \times \frac{50}{650} \approx 83\ (\text{台时})$$

$$\text{设备组对假定产品的生产能力} = \frac{306 \times 8 \times (1 - 5\%) \times 12}{83} \approx 336\ (\text{台})$$

$$\text{设备组对甲产品的生产能力} = 336 \times \frac{200}{650} \approx 103\ (\text{台})$$

设备组对乙产品的生产能力 $=336\times\dfrac{100}{650}\approx52$（台）

设备组对丙产品的生产能力 $=336\times\dfrac{300}{650}\approx155$（台）

设备组对丁产品的生产能力 $=336\times\dfrac{50}{650}\approx26$（台）

知识视窗

企业生产能力的强弱取决于多种因素，如设备因素、工艺因素、劳动力因素和生产系统外部因素等，如表 5-1 所示。

表 5-1　影响生产能力的因素

影响生产能力的因素	内容
设备因素	设备因素包括生产设备的数量、利用率等。一般来说，生产设备的数量多，利用率高，生产能力也就强
工艺因素	工艺过程的合理性影响产品质量，产品质量不达标会导致工作量增加、生产能力下降
劳动力因素	劳动力因素包括劳动者的工作态度、技术水平、工作时间及劳动者对设备的熟悉程度等
生产系统外部因素	生产系统外部因素包括原材料的采购方式、采购的及时性等

课堂讨论

企业可以从哪些方面调节生产能力？

（三）确定生产计划指标

企业可以根据经营目标、销售计划提出粗略的生产计划指标（包括产品品种、产品质量、产品产量、产品产值、交货期、利润等）；然后细化生产任务；最后确定准确的生产计划指标。

在确定生产计划指标时，企业需要考虑生产任务与各方面的平衡，包括生产任务与生产能力的平衡、生产任务与劳动力的平衡、生产任务与物资供应的平衡、生产任务与资金占用的平衡等。

三、生产作业计划的概念、特点与编制方法

（一）生产作业计划的概念

生产作业计划是企业对生产计划的具体安排与执行。它把企业的年度、季度生产计划具体分配到各个车间、工段（车间内部的一级生产单位和管理单位）、班组和个人，规定个人在月、周、日及小时内的具体生产任务。它是企业组织日常生产活动、建立正常生产秩序的重要手段。

企业制订生产作业计划，旨在通过一系列的计划安排和生产调度工作，充分利用企业的人力和物力，保证企业的每个生产环节相互协调、衔接流畅，从而取得良好的经济效益。

（二）生产作业计划的特点

生产作业计划具有计划期短、计划内容具体、计划单位小的特点，如图 5-2 所示。

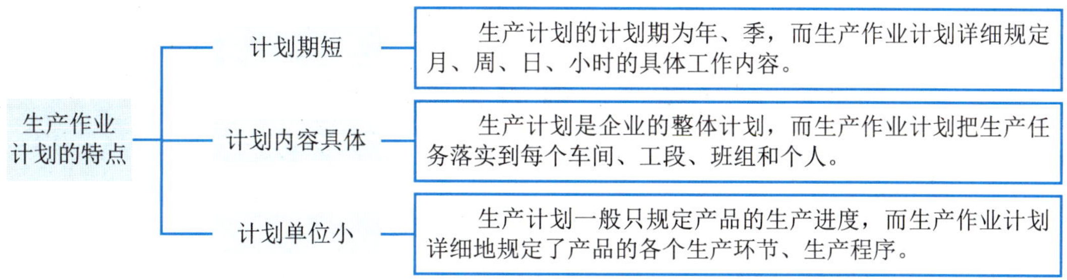

图 5-2　生产作业计划的特点

（三）生产作业计划编制方法

常用的生产作业计划编制方法有在制品定额法和订货点法。

1．在制品定额法

在制品是指从原材料投入生产到制成成品之前的一切产品，包括正在加工生产、尚未制造完成的产品。在制品定额是指在一定技术条件下，各生产环节为了保证生产衔接所必需的、最低限度的在制品储备量。

一定数量的在制品是保证企业正常生产的必要条件。在实际生产过程中，在制品过多，会占用生产资金，从而影响经济效益；而在制品过少，往往会导致生产脱节，设备停歇。因此，企业必须根据具体情况合理地确定在制品定额，并对其进行有效控制。

在制品定额的计算，是按照产品生产的反工艺顺序，从成品出产的最后一个车间开始逐步向前推算各车间的在制品数量。这种方法适用于大批量生产产品的企业。

2．订货点法

订货点法又称“安全库存法”，是指当某种物料的库存量降低到某一预先设定的水平时，相关部门开始发出采购单来补充库存的方法。这种方法适用于产量大、产品品种

单一、产品价值低、结构简单的小型零件生产企业。

任务实施

在现实生活中，企业制订的生产计划不合理会阻碍企业的发展。2～4 人一组，结合以下情况，分析企业的生产计划不合理的原因，并提出相应的解决措施。

（1）企业在生产过程中存在缺乏熟练工人或生产设备老化等问题，导致产品损耗严重、生产进度被延误。

（2）企业在生产某种产品时，遇到供应商未按时提供原材料的情况，导致其无法按时交付客户的订单。

（3）在市场需求高峰期，企业没有足够的员工来执行生产计划，导致生产能力不足，无法按时交付客户的订单。

任务二　做好采购管理

任务导入

某公司的采购漏洞

某公司自成立以来，一直由需求部门分散采购物料。为了提高采购效率，该公司决定改用集中采购的方式。一年后，公司为检验集中采购的实施效果，开展了一次专项调查。调查人员发现某材料的生产厂家的市场报价为 850 元/卷，该价格远低于公司现行的采购价 1 200 元/卷。如果按每卷 350 元的差价计算，初步估算，公司因此损失了数百万元。

经了解，该原材料的生产厂家很少对外直接销售，多是由几家固定的经销商负责销售事宜。在公司实施分散采购时，需求部门一直通过 E 经销商采购该材料，并协议以 1 250 元/卷的价格定期结算。采购部门在改用集中采购的方式后，专门增加了询价、比价流程，同时邀请 3 家经销商参与比价。在材料质量相同的条件下，F 经销商以 1 200 元/卷的价格胜出。

随着调查工作的深入，调查人员了解到采购部门为了提高采购效率，直接采用了需求部门提供的供应商信息，并未亲自筛选供应商，所以其取得的报价信息缺乏真实性。

【思考题】

该公司应从哪些方面避免上述采购漏洞？

一、采购的流程

采购管理是指为了保证企业物资供应，企业对采购活动进行组织与控制的过程。企业在开展生产活动之前，往往需要购买生产所需的各种原材料、辅助材料等。为了规范管理，企业采购的流程应包括预测采购需求、提出采购申请、选择供应商、签发采购订单、跟踪订单、物料验收与付款等环节，如图 5-3 所示。

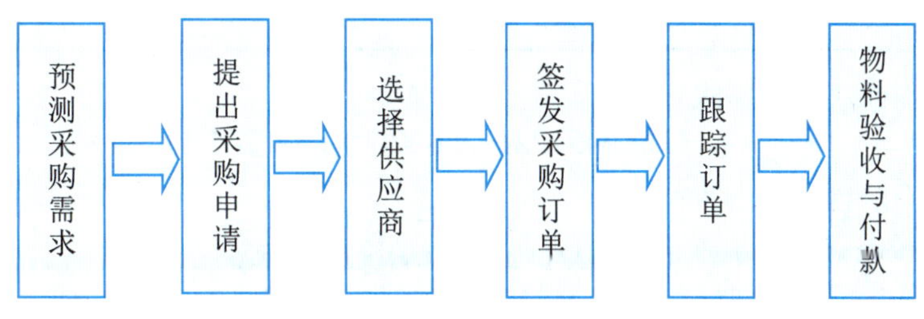

图 5-3　采购的流程

（一）预测采购需求

在采购物料之前，企业应该根据生产部门、研发部门、维修部门等用料部门的实际需求，明确所需物料的型号和质量，预测需要采购的物料数量。

1. 影响采购需求的因素

在预测采购需求之前，企业要综合考虑市场需求、市场潜力、产品的生命周期、产品的市场占比、新产品投入市场的成功率等因素对采购需求的影响。

2. 预测采购需求的方法

1）定性预测法

定性预测法是依据经验进行判断的一种方法。例如，企业要求销售人员根据一线销售情况预测销量并逐级上报，或者企业让有经验的专家、经理等根据市场情况进行预测。

2）定量预测法

定量预测法包括算术平均值法、移动平均法和加权平均法，如表 5-2 所示。

表 5-2　定量预测法

定量预测法	具体内容
算术平均值法	算术平均值法的基本原理是利用一定时期的数据平均值作为下一时期的预测值
移动平均法	移动平均法的基本原理是在需求模式呈现某种趋势的情况下，使用最近几期数据的平均值作为下一时期的预测值，期数（用 t 表示）一般取 3～5
加权平均法	加权平均法的基本原理是使用不同时期的几个数值，并根据它们对预测值的重要程度分别设置权重（权重之和为 1），计算加权平均数，以此作为预测值

【例 5-2】某物品前 5 周的需求数据如表 5-3 所示，要求分别用算术平均值法、移动平均法和加权平均法预测第 6 周的需求量（用 F6 表示，计算结果按四舍五入原则保留两位小数）。提示：前 5 周对应的权重分别是 0.1、0.1、0.15、0.3、0.35。

表 5-3　某物品的需求数据

时间	第 1 周	第 2 周	第 3 周	第 4 周	第 5 周
实际需求量/kg	216	245	221	256	269

用算术平均值法预测需求量：

$$F6=(216+245+221+256+269)\div 5=241.40(\text{kg})$$

用移动平均法预测需求量：

$$t=3\text{时},\quad F6=(221+256+269)\div 3\approx 248.67(\text{kg})$$
$$t=4\text{时},\quad F6=(245+221+256+269)\div 4=247.75(\text{kg})$$

用加权平均法预测需求量：

$$F6=216\times 0.1+245\times 0.1+221\times 0.15+256\times 0.3+269\times 0.35=250.20(\text{kg})$$

（二）提出采购申请

开展采购业务时，一般由物资需求部门或仓储部门提出采购申请，经主管部门经理批准后交由采购部确认。

（三）选择供应商

企业在采购物料时，往往会对多家供应商进行评价和筛选。企业可以根据物料的品种、价格、品质和其他相应的服务条件向供应商提出不同的要求，综合比较供应商的供货能力和其他条件，从而选出最合适的供应商。

（四）签发采购订单

企业在选定供应商后，需要编制采购订单，经采购部经理、总经理签字确认后，将采购单传真给供应商，并要求供应商签章确认后回传。采购人员核对型号、数量、单价、交货日期等，确认无误后，将采购订单再次回传到供应商处，要求供应商生产与发货。采购订单一般交由供应商作为订货依据，具有法律效力。

一般来说，采购订单需要包含采购物料的包装方式、运输方式、交货日期、交货地点、付款方式、验收标准等，如表 5-4 所示。

表 5-4 采购订单

<table>
<tr><td>供应商</td><td></td><td>详细地址</td><td colspan="5"></td></tr>
<tr><td>联系人</td><td></td><td>职务</td><td colspan="2"></td><td>电话</td><td colspan="2"></td></tr>
<tr><td>包装方式</td><td></td><td>运输方式</td><td></td><td>交货日期</td><td></td><td>交货地点</td><td></td></tr>
<tr><td>序号</td><td>编码</td><td>品名</td><td>型号</td><td>数量</td><td>单价</td><td>金额</td><td>备注</td></tr>
<tr><td>1</td><td></td><td></td><td></td><td></td><td></td><td></td><td></td></tr>
<tr><td>2</td><td></td><td></td><td></td><td></td><td></td><td></td><td></td></tr>
<tr><td>3</td><td></td><td></td><td></td><td></td><td></td><td></td><td></td></tr>
<tr><td>4</td><td></td><td></td><td></td><td></td><td></td><td></td><td></td></tr>
<tr><td>5</td><td></td><td></td><td></td><td></td><td></td><td></td><td></td></tr>
<tr><td>6</td><td></td><td></td><td></td><td></td><td></td><td></td><td></td></tr>
<tr><td colspan="2">金额合计</td><td colspan="6">（大写）　　　　　　　　（小写）</td></tr>
<tr><td colspan="2">付款方式</td><td colspan="6"></td></tr>
<tr><td colspan="2">验收标准</td><td colspan="6"></td></tr>
<tr><td colspan="2">业务员</td><td colspan="2">采购部经理</td><td colspan="4">总经理</td></tr>
<tr><td colspan="2">签字：
日期：</td><td colspan="2">签字：
日期：</td><td colspan="4">签字：
日期：</td></tr>
</table>

（五）跟踪订单

为了确保供应商如期、保质、保量地交货，企业需要跟踪订单。如果在执行过程中发现订单中的物料出现质量问题或其他突发问题，企业要及时地采取有效措施进行补救，将损失降到最低。如果发现物流信息延迟，企业要及时催货，从而保证物料按时送达。

（六）物料验收与付款

供应商根据采购订单中约定的运输方式，将物料送到指定地点后，采购人员负责验收。在验收时，采购人员要确认货物的数量与质量，对于坏料，应立即退货；遇到少料的情况，应要求补料。如果发现其他与订单内容不符的问题，企业需要及时地联系供应商进行处理。

在确保物料的质量、数量等方面都符合要求后，企业需要按照采购订单的约定，将货款结算给供应商。在申请付款之前，采购人员应核对支付发票与验收清单、单据等是否一致，确认无误后，再将其交由财务部门申请付款。财务部门经会计账务核算处理后，及时付款。

二、采购的方式

常见的采购方式有集中采购与分散采购、直接采购与间接采购、现货采购与远期合同采购、招标采购与非招标采购。一般情况下，企业在制订生产作业计划或相关采购政策时，都会对采购方式做出明确的规定，使采购人员有章可循。

（一）集中采购与分散采购

根据采购范围的不同，采购方式可以分为集中采购与分散采购。

1．集中采购

集中采购是指由企业的采购部门进行统一采购的方式。通常情况下，集中采购适用于采购大宗或大批量物料，如企业生产中关键的零部件、原材料或其他战略资源等。

2．分散采购

分散采购是指由企业下属各单位，如各部门、分公司或子公司，为了满足自身生产所需而进行采购的方式。通常情况下，分散采购适用于采购小批量物料。

（二）直接采购与间接采购

根据采购途径的不同，采购方式可以分为直接采购与间接采购。

1．直接采购

直接采购是指采购方直接向物料生产厂家进行采购的方式。直接采购涉及的环节较少，手续简便，信息反馈的速度快，有利于供需双方直接进行交流，也便于物料生产厂家直接提供售后服务。通常情况下，直接采购适用于采购量足够大，拥有比较齐全的采购渠道，能够从供应商处获得较低的采购价格的企业。

2．间接采购

间接采购是指企业通过中间商（通常为流通型企业）进行采购的方式。一般来说，间接采购可以有效利用中间商的渠道、储运资源等，能在一定程度上减少采购费用、降低时间成本等。通常情况下，间接采购适用于核心业务规模大，缺乏采购能力、采购资质和采购渠道的企业。

（三）现货采购与远期合同采购

根据交割时间的不同，采购方式可以分为现货采购与远期合同采购。

1．现货采购

现货采购是指供应商将物料交给采购方，采购方依照协议将货款支付给供应商的采购方式。现货采购能够适应市场行情和需求的变化，灵活性较强。

现货采购适用于以下情况：供应商的物料充足、现货质量有保证，供应商能及时送货，企业有充足的资金用于支付货款。

2. 远期合同采购

远期合同采购是指供需双方的合作关系稳定，双方通过签订远期供货合同，实现物料供应和货款结算，并以双方的信誉与能力、法律约束来保证合同的顺利履行。远期合同采购的时效较长，物料价格比较稳定，交易过程透明，交易成本也相对较低。

远期合同采购适用于以下情况：供需双方具有良好的信誉和能力，供需双方就质量标准、验收方法等条件达成一致，采购批量较大。

（四）招标采购与非招标采购

根据是否具备招标性质，采购方式可以分为招标采购与非招标采购。

1. 招标采购

招标采购是指采购方作为招标方，事先提出采购的条件和要求，邀请众多供应商参加投标，然后由采购方按照规定的程序和标准，一次性地从众多供应商中选择合适的交易对象，并与中标供应商签订协议的方式。

招标采购的三种方式

招标采购对供需双方都有好处，采购方能够以更合理的价格、更稳定的质量进行采购；供应商可以在公开、公平、公正的条件下参与竞争。招标采购适用于以下情况：企业采购批量大，需要寻找长期供应物资的供应商；企业要开展重大的建设工程项目，需要寻找有实力的供应商。

2. 非招标采购

非招标采购是指除招标之外的采购方式，包括竞争性谈判、单一来源采购、询价采购等。与招标采购相比，非招标采购的周期更短、成本更低、效率更高，供应商的来源更多，评审过程更为灵活。

非招标采购适用于以下情况：采购批量较小，供应商的数量有限，企业需要紧急采购，涉密等。

三、采购质量管理

（一）采购质量管理的原则

采购部门要想达到采购质量标准，必须遵循5R原则，即适时（right time）、适质（right quality）、适量（right quantity）、适价（right price）、适地（right place）。

1. 适时

“适时”表现为采购人员根据生产计划，保障物料的及时供应。采购人员要扮演好协调者与监督者的角色，不定时地督促供应商按预定时间保质、保量交货。

2. 适质

物料质量直接影响产品质量。采购人员在日常的采购工作中要推动供应商改善物料品质，从而保证所采购的物料的质量。

3. 适量

批量采购虽然有可能获得价格折扣，但会占用较多资金；单次采购量太少，又不能满足生产的需要，因此企业应该确定合理的采购量。采购人员不仅要督促供应商准时交货，还要向供应商强调按照订单数量交货。

4. 适价

价格永远是企业在采购中关注的焦点，因此采购人员不得不把相当多的时间与精力放在跟供应商砍价上。需要注意的是，物料符合品质要求是一个很重要的前提。如果供应商不能满足这个前提，那么无论其提出多么低的价格，采购人员都应不予考虑。

5. 适地

企业在选择供应商时，最好选择距离较近的供应商。近距离供货不仅便于供需双方当面沟通，也可降低采购的物流成本。

（二）采购质量管理的内容

采购质量管理的内容主要包括两个方面：采购部门的质量管理、供应商的评估与认证。

1. 采购部门的质量管理

采购部门的根本任务是根据企业生产的需要，适质、适时、适量地向生产部门提供其所需的物料，从而保证生产活动的正常进行，提高企业的经济效益。采购部门的质量管理贯穿物料采购的计划、组织、协调和控制的全过程。

1）物料采购的计划

采购部门需要对各个部门所需的各种物料进行统计分析，在此基础上编制物料采购计划，并检查计划的执行情况。在制订采购计划时，采购部门应明确对物料的各项质量要求，这些要求应与生产需求匹配，并为供应商提供详细的指导。

2）物料采购的组织

采购部门依据物料采购计划，按照规定的物料品种、规格、质量、价格、交货时间等要求，与供应商签订订货合同。

（1）运输。采购部门确定供应商与采购方案后，根据采购计划的内容（包括质量、运输方式、交货时间、交货地点等），组织物料运输。

（2）验收。物料到货后，采购部门检验进厂物料的品种、规格、数量、质量等方面，检验合格后方可入库。

对于质量检查连续不合格的供应商，企业应督促其提升质量，必要时可对其进行罚款。对于质量检查连续合格的供应商，企业可以考虑对其实行免检，但事先要签订“质量保证协议”，并列出相应的处罚措施，从合同上对物料质量进行控制。

3）物料采购的协调

在采购过程中，采购部门与生产部门可能产生一些矛盾与冲突。采购部门应从企业的目标和利益出发，对这些矛盾与冲突进行协调，同时严守质量底线，从而达到提高产品质量和经济效益的目的。

4）物料采购的控制

由于采购活动涉及资金的流动及各方的利益，在采购过程中可能会出现受贿行为。为了减少受贿行为带来的采购物料质量差、价格高等风险，企业必须做好采购的控制工作。企业可以通过建立采购评价制度、资金使用制度等，降低采购风险。

2. 供应商的评估与认证

从采购质量管理要求出发，企业应对供应商进行评估和认证。

1）建立供应商评估指标体系

企业应建立一套系统、全面的供应商评估指标体系。该评估指标体系主要包括物料检验合格率、交货期、运输条件等指标。在此基础上，企业还应成立评估小组，制订相应的评估管理办法。

2）供应商的分类及评估

企业可以把供应商分成两类：一类是现有的供应商，另一类是潜在的供应商。

对于现有的供应商，企业应定期检查来料，重点对物料的质量、价格、交货期、合格率等进行检查。

对于潜在的供应商，企业评估的内容要详细一些。首先是审核供应商的生产规模、生产能力、经营业绩、质量认证证书、安全管理等基本情况；然后对供应商进行初步的现场考察，按照ISO9000族标准（国际标准化组织于1987年颁布的在全世界范围内通用的，关于质量管理和质量保证方面的系列标准）进行评估；最后汇总材料，讨论确定正式的供应商。在进行供应商资格认定之后，一般需要对潜在的供应商考察三个月。如果潜在的供应商没有问题，即可确定为正式的供应商。

3）供应商的认证

企业对选择的供应商进行认证时，应以一定的标准考核供应商的管理水平、技术水平、工艺流程、合作意识，以及设备的先进程度、工作环境的完善性等。

4）样品的认证

企业对供应商提供的样品进行认证，可以分两个阶段：第一阶段，考核供应商制订的技术规范、实际生产过程；第二阶段，企业的生产、质量管理等部门的人员对供应商提供的样品进行评审，看样品是否符合基本的质量要求。

课堂讨论

企业要如何处理与供应商的关系，以确保采购过程的顺利进行？

任务实施

某公司计划在网上采购 200 双劳保手套，给车间工人使用。2～4 人一组，至少收集三家供应商的产品信息（三家供应商所供应的产品相同或类似），对这些供应商进行询价、议价、比价，并选择出合适的供应商。

任务三　控制现代企业生产质量

任务导入

华为的质量管理体系

在产品质量管理方面，华为有以下几点经验。

第一，选择价值观一致的供应商，并以严格的管理制度对他们进行监督。

第二，遵循优质优价原则，绝不将价格作为竞争的唯一条件。对每一个供应商就合作全过程进行全面、客观的评价，评价结果将决定供应商能否进入下一次的招标。评价结果共分为四档，处于最低档的供应商会被清除出供应商资源池，华为将不会再与其合作。

第三，华为在整个产线上建立自动化的不合格品拦截模式。不合格品拦截模式一共设定五层防护网，包括元器件规格认证、元器件原材料分析、元器件单件测试、模块组件测试和整机测试。华为通过五层防护网，一层一层检验产品质量。即使某些供应商的器件偶尔出现问题，华为也能尽早发现并拦截。

【思考题】

通过上述案例，思考企业应该如何建立质量管理体系。

一、质量与质量标准

（一）产品质量

产品质量包括产品的内在质量和外在质量。产品的内在质量包括性能、耐久性、安全性、可靠性、经济性等要素；产品的外在质量包括产品的造型、颜色、包装等要素。其中，产品的内在质量是主要的。只有在保证内在质量的前提下，外在质量才有意义。

（二）质量标准

质量标准是关于产品具有哪些特性，每种特性需要达到什么指标，如何对产品特性进行检测等方面的具体规定。

从质量标准的适用范围来看，我国现行的产品质量标准主要包括国际标准、国家标准、行业标准和企业标准等。

1. 国际标准

国际标准是指由国际标准化组织（ISO）、国际电工委员会（IEC）等机构研究并制订的标准。这些标准中的产品质量标准是企业组织产品生产、检验产品质量、进行质量管理的基本技术依据。

从 1993 年 1 月 1 日起，我国等同采用 ISO9000 族标准，形成 GB/T19000-ISO9000 系列标准，其技术内容和编写方法与 ISO9000 族标准相同，使国内的产品质量标准与国际同轨。采用国际标准，能有效地减少技术性贸易壁垒，使企业更好地适应国际贸易的需要，从而提高我国产品在国际市场上的竞争力。

2. 国家标准

国家标准是由国务院标准化行政主管部门制定，在全国范围内实行的技术要求。例如，按照《中华人民共和国食品卫生法》的规定，食品卫生的国家标准由国务院卫生行政部门制定。

按照《中华人民共和国标准化法》的规定，我国的国家标准分为强制性标准和推荐性标准。对于强制性标准，企业必须执行；对于推荐性标准，国家鼓励企业自愿采用。为便于识别和执行两类不同效力的标准，国家质量技术监督局规定强制性国家标准的代号为“GB”，推荐性国家标准的代号为“GB/T”。

国家标准分类有哪些

3. 行业标准

行业标准是由国务院有关行政主管部门制定，报国务院标准化行政主管部门备案的标准。当某些产品没有相应的国家标准而又需要在全国某个行业范围内统一技术要求时，相关部门可以制定行业标准。

按照《中华人民共和国标准化法》的规定，我国的行业标准分为强制性标准和推荐性标准。例如，化工行业强制性行业标准的代号为“HG”，化工行业推荐性行业标准的代号为“HG/T”。

4. 企业标准

企业标准是由企业自主制订，并由企业法人代表或其授权人批准、发布的标准。对于正式批量生产的产品，如果没有相应的国家标准和行业标准，企业必须制订企业标准；已有国家标准或者行业标准的，国家鼓励企业制订严于国家标准或者行业标准的企业标准。

课堂讨论

哪些知名企业在生产过程中因没有遵守质量标准而出现严重的产品质量问题？其产生了哪些影响？

二、全面质量管理

全面质量管理是指企业为了使产品和服务满足质量要求而开展的计划、组织、检查、改进等质量管理活动的总和。

全面质量管理由企业的最高管理者负责推动，企业的全体人员参加并承担义务。只有每一位员工都执行质量管理标准并承担义务，才能达到质量管理目标。

（一）全面质量管理的特征

企业在推行全面质量管理时，要做到“三全一综合”，即全方面、全过程、全员参加及综合性。

1. 全方面

企业不仅要对产品质量进行管理，也要对工作质量、服务质量进行管理；不仅要对产品性能进行管理，也要对产品的安全性、可靠性、经济性进行管理。总之，企业应对各个方面的质量进行管理。

2. 全过程

为了使客户满意，使产品充分发挥其使用价值，企业不仅要注重产品制造阶段和辅助生产阶段的质量管理，还要注重产品设计阶段和产品售后阶段的质量管理。在全过程的质量管理中，企业必须体现“预防为主、不断改进”“为客户服务”的思想。

知识视窗

全过程的质量管理的主要阶段包括产品设计阶段、产品制造阶段、辅助生产阶段和产品售后阶段，如表 5-5 所示。

表 5-5　全过程的质量管理的主要阶段

主要阶段	工作要点
产品设计阶段	产品设计阶段的质量管理包括通过市场调研，了解消费者所需产品的种类、规格及对产品的质量要求
产品制造阶段	产品制造阶段的质量管理包括原材料的质量控制、工艺流程控制、工序能力验证及工序检测、成品检测及不合格品的处理等
辅助生产阶段	辅助生产阶段的质量管理包括对生产工具、生产设备、生产环境、运输等方面的控制
产品售后阶段	产品售后阶段的质量管理包括安装、维修、售后调查和反馈等方面

案例拓展

1985 年，海尔从国外引进了世界一流的冰箱生产线。一年后，有用户反映海尔冰箱存在质量问题。海尔公司在给用户换货后，对全厂的冰箱进行了检查，发现库存的冰箱中有 76 台有缺陷。这些冰箱虽然制冷功能正常，但会影响用户体验。厂长决定将这些冰箱当众砸毁，并提出“有缺陷的产品就是不合格产品”的观点，在社会上引起了极大的反响。

（资料来源：崔立明，《海尔向世界展现中国智慧和中国力量》，中国质量新闻网，2022 年 2 月 22 日）

3．全员参加

全面质量管理不仅是质量管理部门或质量检验部门的责任，也是设计、生产、供应、销售和服务过程中有关人员的责任。企业中从事党政建设、财务、卫生和环保等各项工作的人员的工作质量，也直接或间接地影响着产品质量和销售服务的质量。因此，企业全体人员都应在各自的岗位上参与质量管理工作。

4．综合性

随着科学技术的不断发展，客户对产品质量、服务质量、管理质量提出越来越高的要求，影响质量的因素也越来越复杂。这些因素既有物质因素，又有人为因素；既有技术因素，又有管理因素；既有企业内部因素，又有企业外部因素。

要把这一系列的因素系统地控制起来，仅靠单一的管理方法是不行的。企业必须根据不同的情况和不同的影响因素，综合采用管理技术、数理统计方法、电子计算机技术及思想教育等措施，进行科学管理，真正做好全面质量管理工作。

（二）全面质量管理的流程

现行的全面质量管理的流程多为 PDCA 循环，PDCA 循环又称“戴明循环”，是质量管理专家戴明博士首先提出的。PDCA 循环是一个周而复始、提升质量的过程，一个循环完成了，解决一些质量问题，把未解决的质量问题转入下一个循环。PDCA 循环主要包括计划（plan）、执行（do）、检查（check）和处理（act）四个阶段，如表 5-6 所示。

表 5-6　PDCA 循环的四个阶段

主要阶段	工作要点
计划阶段	分析现状，发现问题；分析产生质量问题的原因，找出主要原因；制订措施，提出改进计划
执行阶段	执行计划
检查阶段	检查执行结果是否达到了预定的目标
处理阶段	总结计划执行成功的经验，并将其整理为标准；把未解决的问题或新出现的问题转入下一个 PDCA 循环中，直至问题全部解决

三、质量管理体系的建立

建立质量管理体系是全面质量管理的核心任务。离开质量管理体系，全面质量管理就成了空中楼阁。

（一）质量管理体系的策划

企业策划质量管理体系的步骤如图 5-4 所示，包括调查与分析、配备人员、制订质量目标、编写质量管理体系文件。

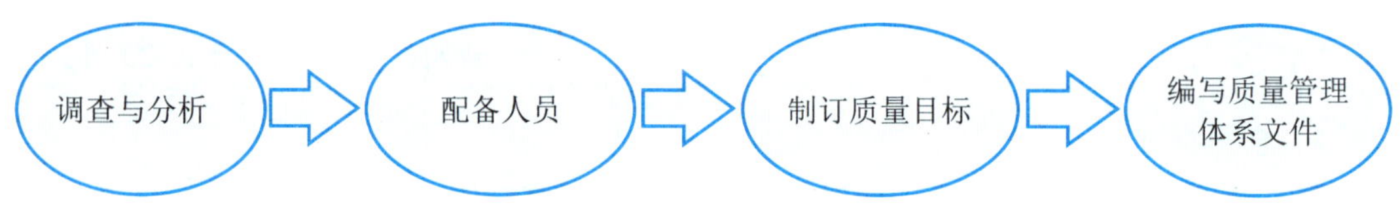

图 5-4　企业策划质量管理体系的步骤

1．调查与分析

企业需要调查与分析产品的特性和生产要求，生产设备和检测设备是否符合质量管理体系的有关要求，技术人员和管理人员的水平及结构是否符合要求，等等。

2．配备人员

企业根据调查与分析的结果，成立质量管理体系建设领导小组、负责质量管理体系具体规划的工作班子及质量管理体系文件编写小组等，明确各部门的职能与责任，并规定相关的工作程序和方法。

3．制订质量目标

企业在制订质量目标时需要注意以下几点。

（1）企业应充分考虑自身的现状及未来的目标，充分考虑市场的需求和期望。

（2）质量目标必须可量化，具有可操作性和可评审性，以便于企业进行目标绩效考核。

（3）质量目标能分解到企业的相关部门。各部门必须相互协调与配合，共同完成质量目标。

4．编写质量管理体系文件

为了落实质量管理措施，企业需要将质量管理的相关规定形成文件，通过质量管理体系文件来贯彻企业的质量方针。

质量管理体系文件可以分为四个层次，第一层是总体质量规划，包括质量目标和质量手册，用来描述整个质量管理体系。第二层是程序文件，是质量手册的详细版。第三层是作业指导书，是指导操作人员进行具体操作的指南。第四层是质量记录，包括设备检查记录表、设备维修记录表、合格供应商一览表、物资盘点表、客户反馈处理表等。

在编写质量管理体系文件时，企业需要注意以下几点。

（1）除质量手册需要统一制订外，其他文件应按分工由各职能部门分别制订。由各职能部门提出草案，质量管理体系文件编写小组再对草案进行审核、修改。

（2）在文件编制过程中，各职能部门要加强协调，配合质量管理体系文件编写小组修改文件。

（3）编写质量管理体系文件的关键是追求实效，不走形式，既要从总体上、原则上满足 ISO9000 族标准，又要在方法上、具体做法上符合本企业的实际情况。

质量管理体系文件编写完成后，管理者需要对其进行分级审批。程序文件由高层管理者审批，作业指导书由业务主管部门负责人审批。审批通过后，企业应该发布文件，并公布试运行日期。

（二）质量管理体系的试运行

质量管理体系的试运行阶段的目标是检验质量管理体系的有效性和协调性，并针对在试运行过程中暴露出的问题采取改进措施，进一步完善质量管理体系。具体来说，质量管理体系的试运行包括以下几个方面。

1. 宣传与贯彻质量管理体系文件

企业应在试运行阶段宣传质量管理体系文件，使全体员工认识到新的质量管理体系是对过去质量管理体系的变革，以便全体员工认真学习并贯彻质量管理体系文件。

2. 实践与调整质量管理体系

在试运行的过程中，质量管理体系可能会暴露一些问题，全体员工应将发现的问题和改进意见及时反馈给有关部门，以便有关部门调整质量管理体系。

3. 加强信息管理

加强信息管理，不仅是质量管理体系试运行的基本要求，也是保证质量管理体系试运行成功的关键。企业所有人员都应按照质量管理体系的要求，做好信息的收集、分析、传递和归档等工作。

（三）质量管理体系的审核

为了验证质量管理体系的有效性，企业需要对质量管理体系进行实施层面和管理层面的审核。

1. 实施层面的审核

实施层面的审核主要包括文件审核和现场审核两个方面。文件审核主要是审核相关文件是否符合企业的战略目标、文件中对产品的质量要求是否符合 ISO9000 族标准。现场审核主要是审核质量管理体系文件是否得到贯彻实施。

实施层面的审核主要包括以下内容：企业组织结构与质量管理活动的适宜性、质量管理有关制度和方法的贯彻执行情况、人员和设备的适应情况、部门岗位的职责是否明确、员工对工作的适应性和工作情况等。

2. 管理层面的审核

管理层面的审核主要包括以下内容：质量管理体系是否达到预期的实施效果、质量指标的完成情况及发展趋势、质量管理体系实施后消费者的反馈、审核人员提出的问题是否得到解决等。

任务实施

4～6 人一组，利用互联网，了解格力电器股份有限公司是如何进行产品质量管理的。

任务四　实施现代企业物流管理

任务导入

京东集团的物流体系

京东集团（以下简称“京东”）的物流体系涵盖了销售预测、库存优化、仓储管理、运输配送、产品售后等五个方面。

在销售预测方面，京东通过整合大数据信息发掘潜在消费者，并对平台上所有产品的销量进行预测。预测内容包括产品的季度销量、年度销量、受众人群等。京东在完成销量预测之后，按时间节点将预期销量与实际销量进行对比，即得到一个完整的销售预测体系。

在库存优化方面，京东的仓储网络遍布全国各个区县。根据产品的销售预测结果，京东可以了解某地区对哪些产品的需求量较大，某产品在哪些地区的销量占比较大，以及产品的季节销量占比等信息。根据这些信息，京东适当地增减产品库存，从而将库存产品进行全面优化。

在仓储管理方面，京东对于仓储区域的规划比较详细。在偌大的仓库中，每种产品都有专属的存放区域。京东会根据产品的销量适度扩大库存容量或者缩小库存容量，从而充分利用仓储空间。此外，京东的部分仓储应用了自动化设施，仓储效率得到大幅提高。

在运输配送方面，传统电商采用第三方物流进行商品配送，中转环节耗时较长，但京东整体采用终端配送，在自己的仓储系统中找寻距离用户最近的仓库，从中调拨产品，送到用户的手中。这种方式极大地提高了物流运输效率，为京东的“当日达”和“次日达”服务提供了有力的支持。

在产品售后方面，京东处理产品售后问题非常迅速。用户申请换货后，快递员可以就近取货。京东会将存在问题的产品退回产品处理中心，并提醒商家补发商品。该举措降低成本的同时又提高了用户的满意度。

（资料来源：丁浙川、李秀敏，《京东集团研究报告：互联网零售巨头，壁垒坚实行稳致远》，招商证券官网，2022 年 6 月 28 日）

【思考题】

京东的物流体系有什么特点？

一、供应物流管理

供应物流是为生产型企业提供生产物料时所发生的一系列物流活动，包括该过程中发生的物料和其他辅助物料的采购、运输、库存和仓储等管理活动。

供应物流如果不能正常开展，将延误生产物料的供应，最终影响销售物流，导致客户订单的终止。因此，及时、准确地供应物料，是供应物流管理的主要目的，更是确保企业顺利生产的先决条件。

（一）组织供应物流

组织供应物流主要包括取得资源、组织到厂物流和组织厂内物流等内容。

1．取得资源

企业通过采购的方式获得所需的物料，这是企业组织供应物流的前提。

2．组织到厂物流

组织到厂物流是指企业选择恰当的运输方式、运输路线和运输时间，合理安排物料的运输，使其顺利到达企业。

常用的运输方式有公路运输、铁路运输、水路运输和航空运输，各种运输方式的优点、缺点及适用范围如表 5-7 所示。

表 5-7　各种运输方式的优点、缺点及适用范围

运输方式	优点	缺点	适用范围
公路运输	（1）机动、灵活，适应性强； （2）可实现“门到门”运输； （3）开展近距离运输时，运费较低	（1）不适用于大批量物料的运输； （2）开展长距离运输时，运费相对较高	适用于近距离、中小批量物料的运输

（续表）

运输方式	优点	缺点	适用范围
铁路运输	（1）相对于公路运输有更强的运输能力，相对于水路运输有更快的运输速度； （2）开展中长距离运输时，运费低廉； （3）不受天气影响，稳定且安全	（1）运输线路受到列车站点和轨道的限制，无法实现“门到门”运输； （2）不适用于紧急运输； （3）开展短距离运输时，运费昂贵	适用于中长距离、大批量物料的运输
水路运输	（1）运输能力强； （2）开展长距离运输时，运费低廉； （3）资源消耗少	（1）运输速度慢； （2）易受自然条件影响，运输时间难以保证	适用于长距离、大批量物料的运输
航空运输	（1）运输速度快； （2）安全性较高，物料损坏率低； （3）不受地形限制，机动性较强	（1）运费较高； （2）运载量有限； （3）运输物料的种类有限	适用于高价值物料和紧急物料的运输，如精密零件

说明：“门到门”运输是指运输企业上门取货，送货到家。

课堂讨论

公路运输、铁路运输、水路运输和航空运输各有优缺点，比较上述几种运输方式的运输能力、运输速度和运输成本。

3．组织厂内物流

如果以企业的仓库为外部物流的终点，那么从仓库到达车间或生产线的物流活动称为厂内物流。

厂内物流包括仓储和供应等活动。在仓储活动中，企业要做好物料的接发与保管，还要合理地控制物料库存水平；在供应活动中，一般由用料部门到供应部门领料或者由供应部门按时按量送料。

（二）供应物流的模式

供应物流有三种模式，分别是委托销售企业代理、委托第三方物流企业代理和购买方自行组织。

1．委托销售企业代理

在买方市场条件下，企业作为客户，可以利用买方的主导权利，向销售方提出为本企业提供物流服务的要求，以此作为采购订货的前提条件。企业采用这种模式，有利于节约采购成本。

2. 委托第三方物流企业代理

完成采购程序之后，企业可选择本企业和销售方之外的第三方提供物流服务。企业选择第三方物流企业时，应考虑其服务能力、信誉、稳定性、物流成本、信息共享程度、经济实力等因素。

企业如何选择第三方物流企业

3. 购买方自行组织

如果企业在组织供应物流方面有设施、设备优势和人才优势等，则企业可以自行组织供应物流。企业采用这种模式时，应考虑综合成本，以及是否会影响自身的核心竞争力。

二、生产物流管理

生产物流是指企业在生产过程中开展的涉及原材料、在制品、产成品等的物流活动。生产物流贯穿于企业生产的全过程，是生产系统的动态表现。物料进入生产线后，随着生产过程一个环节一个环节地流动，直到产成品进入仓库，整个生产物流过程才算完成。

（一）生产物流的类型

根据物料在生产过程中流动的特点，生产物流可以分为连续型生产物流和离散型生产物流。

1. 连续型生产物流

连续型生产物流的特点是物料均匀、连续地运动，不能中断。这种物流适配流程式生产工艺，即生产中的产品和使用的设备、工艺流程都是固定的与标准化的，工序之间几乎没有在制品库存。

连续型生产物流管理的重点是保证物料供应的连续性和确保每一个生产环节的正常运行。由于生产工艺相对稳定，企业可采用自动化装置实现对生产过程的实时监控。

2. 离散型生产物流

离散型生产物流适配加工装配式生产工艺。这种工艺生产的产品是由许多零部件构成的，各个零部件的加工过程彼此独立，制成的零部件经过部件装配和总装配后成为产成品。整个产品的生产工艺是离散的，各个工序之间有一定的在制品库存。

离散型生产物流管理的重点是在保证及时供料和零部件的加工质量的基础上，准确地控制零部件的生产进度，既要减少在制品积压，又要保证生产的连续性。

（二）生产物流的管理方法

1. 推进式管理

推进式管理的基本原理如图5-5所示，生产物流严格按照各工艺顺序确定的物料需要数量、需要时间（物料清单所表示的提前期），从前道工序“推进”到后道工序或下游车间。在整个过程中，信息流由计划部门控制，往返于每道工序、车间，并与生产物流完全分离。企业通过管理信息流来保证按生产计划完成物料加工任务。推进式管理主要适用于小批量生产多品种产品的加工装配企业。

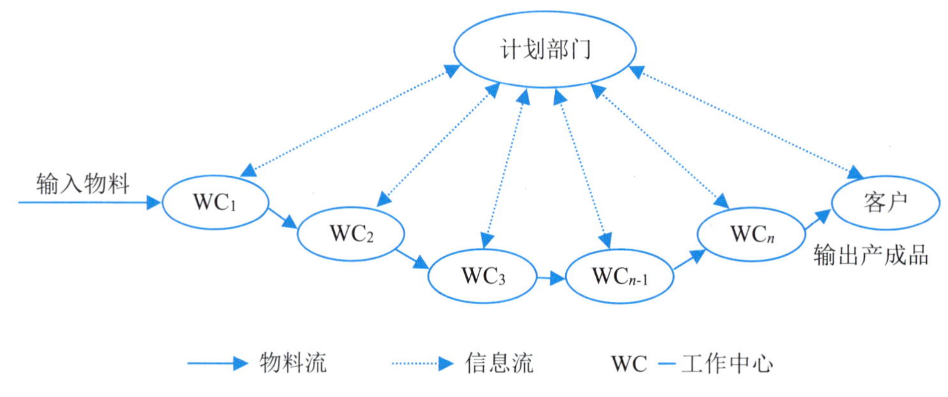

图 5-5　推进式管理的基本原理

推进式管理具有严格执行计划、运用计算机软件、保持一定库存的特点，如表 5-8 所示。

表 5-8　推进式管理的特点

特点	具体内容
严格执行计划	在生产物流方式上，以物料为中心，强调严格执行计划
运用计算机软件	以市场需求为依据，运用计算机技术编制生产计划、物料需求计划、生产作业计划
保持一定的库存	在编制物料需求计划时，企业往往设定一定量的安全库存和留有余地的固定提前期，于是不可避免地会产生在制品库存

2. 拉动式管理

拉动式管理的基本原理如图 5-6 所示，企业根据产品的市场需求情况，计算出最后一道生产工序的物料需求量，并根据该数量向前一道工序提出物料供应需求，以此类推，各道工序都要接受后一道工序提出的物料供应需求。在整个过程中，物料流与信息流完全结合在一起，但方向正好相反。

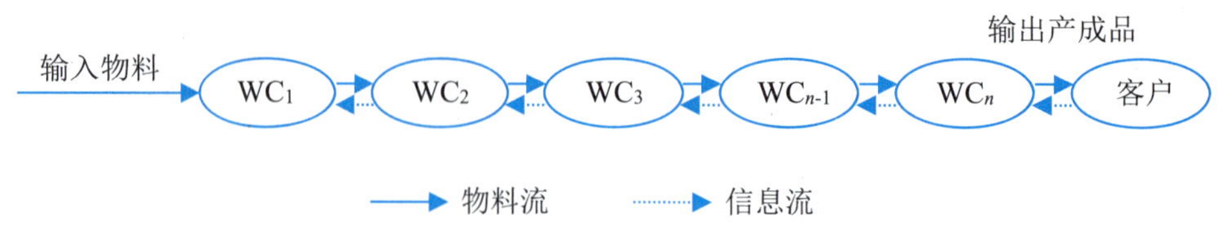

图 5-6　拉动式管理的基本原理

拉动式管理具有实行分散控制、计算机管理与看板管理相结合、努力实现零库存的特点，如表 5-9 所示。

表 5-9 拉动式管理的特点

特点	具体内容
实行分散控制	物料供应需求由各工序独立提出，因而属于分散控制。分散控制的目标是满足局部要求，通过所有的局部控制达到整体的控制要求
计算机管理与看板管理相结合	看板是指用于记载在某道生产工序所需要物料的时间和数量的卡片、告示牌或标牌。企业采用计算机编制物料需求计划，同时运用看板系统执行和控制物料需求计划
努力实现零库存	实行拉动式管理的企业将库存视为“浪费”，在保证及时供应物料的同时，强调零库存

三、销售物流管理

销售物流是指将产品从工厂、物流中心的仓库送到批发商、零售商或者消费者手中的运输或配送活动。

（一）销售物流的基本环节

销售物流包括产品包装、产品储存、订单处理、产品运输四个基本环节。

1. 产品包装

包装是销售物流的起点。产品的包装形式、包装材料和包装方法的选择，都要与实际情况相适应。例如，不同的装卸方式、产品特性、运输工具及运输距离等，对包装提出了不同的要求。

2. 产品储存

保持合理的库存水平、及时满足客户需求是产品储存的基本要求。产品储存包括仓储作业、产品养护和库存控制等环节。在仓储作业中，企业应努力提高作业质量与效率；在产品养护中，企业要注意用科学的方法来养护产品；在库存控制中，企业应以市场需求为导向，合理调控产品储存量，并以此指导生产。

3. 订单处理

订单处理包括接收、核查、记录、整理、汇总订单和准备发运产品等环节。企业收到订单后，先检查订单的内容是否正确，然后按订单上的产品品种、数量和型号等把产品发给客户。订单处理的每一个环节的工作质量及所用的时间都直接影响着产品分配效率和企业的服务水平。

4. 产品运输

企业的产品要经过运输才能到达客户指定的地点，而运输方案的确定取决于产品的批量、运输距离、当地的地理条件等。企业可充分运用现有的科学技术，制订合理的运输计划和方案；运用 GPS（全球定位系统）、GIS（地理信息系统）等，对运输活动及过程进行跟踪、监控和调度，实现对车辆和线路的优化配置，从而提高运输效率，降低运输成本。

管理贴士

企业在实际运营中，可以通过电子地图、物流运输路线模型与位置定位模型详细分析物流运输地区的地理环境，据此来选择合适的运输工具，从而在最短的时间内实现对产品的运输、调配、分拣，并将产品顺利送达目的地。

（二）销售物流的模式

销售物流包括企业组织销售物流和第三方物流企业组织销售物流两种模式。

1. 企业组织销售物流

这是在买方市场条件下销售物流的主要模式之一，也是当前我国绝大部分企业采用的物流模式。企业组织销售物流，实际上是把销售物流作为企业生产的后续作业，借此实现从“以生产为中心”向“以市场为中心”的转变。

企业通过组织销售物流可以将生产经营和客户联系起来，有助于快速获得准确的市场信息，也有助于增强企业的市场竞争力。

2. 第三方物流企业组织销售物流

第三方物流企业组织销售物流是指企业将销售物流外包给专门的物流服务企业。采用这种模式时，企业可以享受物流企业提供的专业化、高水平的物流服务，但无法掌握物流作业的主动权。

任务实施

4～6 人一组，利用互联网，搜索“服装企业的物流管理”，了解服装企业是如何进行物流管理的。

项目实训——助力 A 公司提质增效

一、实训背景与内容

（接项目四的项目实训）近期，A 公司旗下的餐厅存在上餐速度慢、顾客就餐等待时间长等问题，导致客流量逐渐减少。经讨论，A 公司决定在餐厅试行预制菜，各部门需要共同努力，相互配合。具体来说，采购部门要重视菜品的质量，合理地选择供货商；餐饮部门要做好工作安排，提升上菜速度；服务部门要协助餐饮部门做好服务工作。

请帮助 A 公司制作一个 PPT，阐述 A 公司的工作安排、采购方案、服务流程等，助力 A 公司提质增效。

二、实训目的

通过本次实训，加深对企业生产运作管理知识的理解，提高解决各种生产运作管理问题的能力。

三、实训步骤

（1）分组、分工。3～6 人一组，选出组长。组长结合小组成员的特长，确定任务分工。将小组成员及分工情况填入表 5-10 中。

表 5-10　小组成员及分工情况

班级：　　　　组号：　　　　教师：

小组成员	姓名	学号	任务分工
组长			
组员			

（2）进行工作安排。根据企业的实际情况确定各部门的职责和要求。

（3）编写采购方案。主要包括供应商的确定、采购商品种类和数量的核定、采购定价、货物验收与入库等内容。

（4）确定服务流程。主要介绍顾客从进店到离店的服务内容。

（5）制作 PPT。将工作安排、采购方案及服务流程以 PPT 的形式展示出来，PPT 页数不少于 15 页。

（6）演讲汇报。以抽签的方式确定汇报顺序，组长上台汇报本组分析结果，教师和其他同学可以提问或发表意见。

（7）各小组互评并打分。

（8）教师点评并打分。

四、实训评价

各小组配合教师完成如表 5-11 所示的实训评价表。

表 5-11　实训评价表

评价指标	评价标准	分值	评价分数		
			自评	互评	师评
综合素质（30%）	具有团队精神，积极与他人合作	5			
	具有创新能力和自主探究学习的意识	5			
	学习态度认真，课堂表现积极	10			
	按时完成实训任务	10			
知识与技能（70%）	掌握生产运作管理基础知识	10			
	工作安排全面、具体	10			
	采购方案详细、灵活、可操作	15			
	服务细致、周到	15			
	汇报语言流畅、有条理	10			
	PPT 重点突出、详略得当、制作精美、图文并茂	10			
合计		100			
总评	自评（20%）+ 互评（20%）+ 师评（60%）=		学生（签名）：		
			教师（签名）：		

思考与练习

一、单选题

1.（　　）是衡量产品使用价值的重要标志，也是反映企业所生产的产品能否适合社会需求的主要指标。

A．产品质量　　B．产品品种

C．产品产量　　D．产品产值

2.（　　）是指供应商将物料交给采购方，采购方依照协议将货款支付给供应商的采购方式。

A. 现货采购　　B. 直接采购
C. 集中采购　　D. 间接采购

3.（　　）包括产品包装、产品储存、订单处理、产品运输四个基本环节。

A. 供应物流　　B. 生产物流
C. 销售物流　　D. 回收物流

二、多选题

1. 生产计划的内容包括（　　）。

A. 生产什么　　B. 生产多少
C. 在哪里生产　　D. 什么时候完成

2. 生产作业计划的特点包括（　　）。

A. 计划期短　　B. 计划期长
C. 计划内容较具体　　D. 计划单位小

3. 影响采购需求的因素有（　　）。

A. 市场潜力　　B. 产品的生命周期
C. 市场需求　　D. 新产品投入市场的成功率

三、判断题

1. 产品的外在质量是主要的，只有在保证外在质量的前提下，内在质量才有意义。（　　）
2. 质量目标不需要量化，具有可操作性和可评审性即可。（　　）

四、简答题

1. 简述生产计划的主要指标。
2. 简述采购的流程。
3. 简述全面质量管理的含义及特征。

五、案例分析题

某品牌汽车的质量问题

I公司是一家电动汽车及能源公司。公司成立之初，其首席执行官就宣布，他的目标是让电动汽车普及，推动全球能源结构转型升级。在之后的几十年中，该公司不断发展壮大，车型不断增多，产能不断提高，所研发的自动驾驶技术日益完善。

尽管该公司在技术和创新方面取得了巨大突破，但产品仍然存在一些质量问题。2023 年 5 月 12 日，公司发布汽车召回公告，召回生产日期在 2019 年 1 月 12 日至 2023 年 4 月 24 日期间的部分 Model S、Model X、Model Y、Model 3 汽车，共计 1 104 622 辆。在中国市场，2021 年，该公司分 6 批次召回了 543 811 辆乘用车；2022 年，该公司也分 6 批次召回了 791 502 辆乘用车，是当年召回数量最多的品牌，也是首个登顶年度召回榜单的电动汽车品牌。除了庞大的召回规模，更令人关注的是召回的车辆所存在的安全隐患与此前多起“失控”案例正相吻合。

该公司通过主动召回，表明其对消费者的重视，展现了公司负责的一面，有助于提升公司形象。但部分人士认为，该公司一直凭借“技术先进”的形象开展产品销售，在汽车销售后又召回，无疑给品牌形象和消费者信心带来重创，公司想要建立“可靠车企”的品牌形象，任重道远。

（资料来源：黄春棉、郭跃，《I 公司召回超 110 万辆汽车》，中国经济网，2023 年 5 月 15 日）

思考：

（1）质量问题频发会给该公司带来哪些影响？

（2）身为消费者，你怎么看待该公司召回汽车事件？

项目六　营销管理
——物竞天择，适者生存

项目导读

营销管理是企业管理的核心内容，也是企业实现经营目标的重要手段，对于提高企业的竞争力、品牌价值、可持续发展能力及开拓市场能力等具有重要意义。因此，企业需要重视营销管理，不断提高营销管理的效率和效果，以适应市场变化和满足消费者的需求，从而在激烈的市场竞争中立于不败之地。

本项目主要介绍开展市场调查、确定目标市场、制订市场营销组合策略等内容。

学习目标

知识目标

（1）掌握市场调查的工具与方法。

（2）熟悉市场定位的策略与方式。

能力目标

（1）能够设计调查问卷并开展市场调查活动。

（2）能够选择合适的目标市场。

（3）能够制订市场营销组合方案。

素养目标

（1）培养细致观察的能力与准确判断的能力。

（2）培养理论联系实际的能力。

任务一　开展市场调查

任务导入

调查方向选择不当的后果

柴氏公司是一家位于上海的专门生产宠物食品的企业。面对日益激烈的市场竞争，公司管理层决定推出新产品来提高竞争力。但企业应该推出什么样的新产品这一问题困扰着管理层。

一次偶然的机会，公司管理者认识到市场调查的重要性，决定改变过去一贯靠经验做决策的方式，在设计产品之前先做一次市场调查。公司管理者设计了内容丰富的调查问卷，问卷内容涉及价格、包装、食量、周期、口味、配料等六大方面，覆盖了公司管理者能想到的全部因素。公司还选择了 1 000 个调查对象，并且保证所有的调查对象都养有宠物。

不久，柴氏公司生产的新配方、新包装狗粮上市了，旺销现象只持续了一个星期，随后就是全面滞销。一段时间之后，柴氏公司被迫从终端撤回新产品，并宣布产品革新失败。柴氏公司回访了十多位新产品的购买者。这些购买者说，他们拒绝再次购买的原因是宠物不喜欢吃这种狗粮。公司管理者这才意识到，人只是购买者，新产品的最终消费者并不是“人”，错误的市场调查方向会带来错误的调查结论。

【思考题】

调查方向选择不当会给企业带来哪些危害？

一、市场调查的类型与作用

市场调查是运用科学的方法有目的地收集、整理、分析各种信息资料的活动。它可以帮助企业了解营销环境和消费者需求，为企业提供客观、正确的资料，从而帮助企业解决产品价格、销售渠道、营销策略等方面的问题。

（一）市场调查的类型

市场调查的类型很多，主要包括营销环境调查、消费者需求调查、产品价格调查、销售渠道调查等。

1．营销环境调查

营销环境是指影响和制约企业营销活动的所有内在和外在因素，营销环境调查的内容如表 6-1 所示。

表 6-1　营销环境调查的内容

调查项目	调查内容
政治环境	与企业产品生产、销售相关的法律法规等
经济环境	目标市场的消费者人数、购买力、消费结构等
科技环境	行业内新技术、新工艺、新材料的发展变化等
竞争环境	竞争者的数量、实力、营销策略、市场占有率及消费者对竞争产品的忠诚度等

2．消费者需求调查

消费者需求调查的内容如表 6-2 所示。

表 6-2　消费者需求调查的内容

调查项目	调查内容
潜在消费者	潜在消费者对产品的需求数量、需求时间等
消费者购买需求	消费者的购买动机、购买心理、购买行为等
服务需求	消费者对服务质量、服务效率等的需求和建议
影响需求的因素	影响消费者需求的主要因素及其变化情况
对产品的信赖度	消费者对产品的信赖度，以及消费者信任或不信任产品的原因等

案例拓展

某厂商通过市场调查发现，市场上售卖的酸奶大部分都存在沾盖的问题，这一问题给消费者带来许多困扰：第一，舔盖子上的酸奶让人觉得尴尬；第二，酸奶盖的材料较薄，沾盖部分的酸奶接触外界高温后容易腐坏、变质。为了解决这些问题，该厂商从莲叶表面不沾水的现象中得到启发，研究出了一种“绝对不沾酸奶”的酸奶盖。这不仅使得每一滴酸奶都不浪费，还能够延长酸奶的最佳赏味期。该酸奶一经上市便广受好评，网友们戏称凭借这款酸奶实现了“喝酸奶不舔盖”的生活方式。

3．产品价格调查

产品价格调查的内容如表 6-3 所示。

表 6-3　产品价格调查的内容

调查项目	调查内容
新产品定价	消费者对新产品的价格期望值、消费者可以接受的价格区间等
价格影响因素	影响产品价格变化的因素及其影响程度
替代产品	目标市场中替代产品的种类、功能、价格等信息

4．销售渠道调查

销售渠道是指产品从生产者向销售者转移所经过的由所有中间商连接起来的通道或路径。其中，中间商包括代理商、批发商、零售商（超市、商场、零售店）等。销售渠道调查的内容如表 6-4 所示。

表 6-4　销售渠道调查的内容

调查项目	调查内容
中间商	代理商、批发商、零售商的优缺点
销售费用	不同销售渠道所需的销售成本
交货情况	不同销售渠道的物流、仓储情况及交货时间等

（二）市场调查的作用

对于企业来说，市场调查具有以下作用。

1．为企业做决策提供客观依据

通过市场调查，企业可以获得准确的信息和数据，然后系统地整理、分析、总结这些信息和数据，从而合理地制订并调整营销决策。例如，企业通过市场调查了解产品的优势和劣势，以及自身在技术和设备方面的不足，从而调整现有的营销策略，制订出更符合当前市场情况的营销策略。

2．帮助企业发现市场机会，开拓新市场

通过市场调查，企业可以了解市场潜在需求，了解消费者对产品的意见、建议、购买意向等，然后据此寻找新的市场机会，开拓新的市场。

3．改善企业的经营管理水平

一方面，市场调查改善了企业管理者凭直觉和经验做决策的情况，使企业的决策建立在科学的调查基础上，使企业的经营活动更加规范。另一方面，市场调查给消费者提供了表达意见的机会。

通过市场调查，企业可以发现自身在产品、服务、营销等方面存在的问题，从而有针对性地总结经营管理经验，提高企业的经营管理水平。

二、市场调查的方法与工具

（一）市场调查的方法

1. 问卷调查法

问卷调查法是指调查人员设计调查问卷，向调查对象了解情况或征询意见，从而获得调查对象信息的一种方法。问卷调查法是目前较为常用的市场调查方法，调查问卷的主体内容设计直接影响整个调查的价值。它的优缺点如表 6-5 所示。

表 6-5　问卷调查法的优缺点

优缺点	具体内容
优点	（1）节省调查时间、调查经费和人力； （2）便于开展大规模的调查； （3）便于统计与分析调查结果
缺点	调查问卷的质量和回收率很难得到保证

课堂讨论

你知道哪些制作调查问卷的网站？

2. 实地调查法

实地调查法主要包括访问调查、观察调查和实验调查。

1）访问调查

访问调查是指调查人员先确定拟调查的事项，然后以面对面聊天、视频通话、打电话或写信的方式，向调查对象提问，以获得所需资料的调查方法。访问调查的形式有入户访问、街头拦截访问、电话访问和邮寄访问等。访问调查的优缺点如表 6-6 所示。

表 6-6　访问调查的优缺点

优缺点	具体内容
优点	可获得较全面、准确的数据
缺点	（1）耗费人力、财力和时间； （2）对调查人员的素质要求较高； （3）调查对象的拒访率较高

2）观察调查

观察调查是指调查人员在现场通过自己的感官或借助摄像器材，直接或间接地观察和记录正在发生的行为、状况，以获取一手资料的调查方法。观察调查的优缺点如

表 6-7 所示。

表 6-7　观察调查的优缺点

优缺点	具体内容
优点	（1）获得的信息真实、可靠； （2）调查结果受调查人员的主观影响较小
缺点	（1）调查时间较长，调查费用较高； （2）调查结果受调查人员的业务水平的影响较大

3）实验调查

实验调查是从影响调查对象的若干因素中选出一个或几个作为实验因素，在其他条件均不发生变化的情况下，了解实验因素的变化对调查对象的影响程度，用以决定企业市场策略的一种方法。实验调查的优缺点如表 6-8 所示。

表 6-8　实验调查的优缺点

优缺点	具体内容
优点	（1）调查结果具有客观性，可信度较高； （2）调查人员可以主动改变某些因素，研究这些因素对其他因素的影响程度，揭示市场现象之间的关系
缺点	（1）调查对象和调查环境不一定具有充分的代表性； （2）调查时间较长，调查费用较高

3．文案调查法

文案调查法又称“资料查阅寻找法”“间接调查法”。它是围绕某种目的，收集、整理、分析公开发表的各种信息的一种调查方法。文案调查法的优缺点如表 6-9 所示。

表 6-9　文案调查法的优缺点

优缺点	具体内容
优点	（1）省时、省力，获取信息的成本较低； （2）操作方便，不受时空限制，具有较强的灵活性
缺点	（1）资料来源繁杂，良莠不齐，需要经过仔细鉴别； （2）资料存在一定的滞后性

（二）市场调查的工具

在互联网环境下，企业可以利用搜索引擎、社交媒体、政府统计数据、专业市场研究报告、网络爬虫等工具开展市场调查。

1. 搜索引擎

搜索引擎是常用的市场调查工具，它提供了一个从互联网中搜索信息的入口，能根据搜索者提供的关键词对互联网信息进行搜索，筛选出与关键词相关的信息。目前国内常用的搜索引擎有百度搜索、360 搜索、搜狗搜索等。

2. 社交媒体

社交媒体是目前非常流行的市场调查工具之一。企业可以通过社交媒体，了解目标市场的消费者对产品和服务的需求、评价和反馈，为制订营销策略提供参考；企业还可以通过微信、抖音、微博等社交媒体平台，了解目标市场的消费者行为及其趋势，从而进行个性化营销和宣传。

3. 政府统计数据

政府统计数据是一种重要的市场调查工具。企业可以利用政府发布的统计数据，了解目标市场的经济情况、市场规模、人口结构等信息，为制订营销策略提供依据。

4. 专业市场研究报告

专业市场研究报告是一种比较全面、权威的市场调查工具。企业可以通过咨询公司、市场研究机构等专业机构获取相关市场的研究报告，然后从中了解目标市场的发展趋势、竞争格局、消费者需求等信息，为制订营销策略提供参考。

5. 网络爬虫

网络爬虫又称“网络机器人”，是一种按照一定的规则，自动抓取网页信息的程序或者脚本。企业需要掌握一定的编程语言，才能利用网络爬虫获取所需的资料或信息。

三、市场调查的步骤

一般来说，市场调查包括以下步骤：调查前的准备、组织与实施市场调查、整理与分析调查资料、预测企业与市场的发展趋势和撰写市场调查报告。如图 6-1 所示。

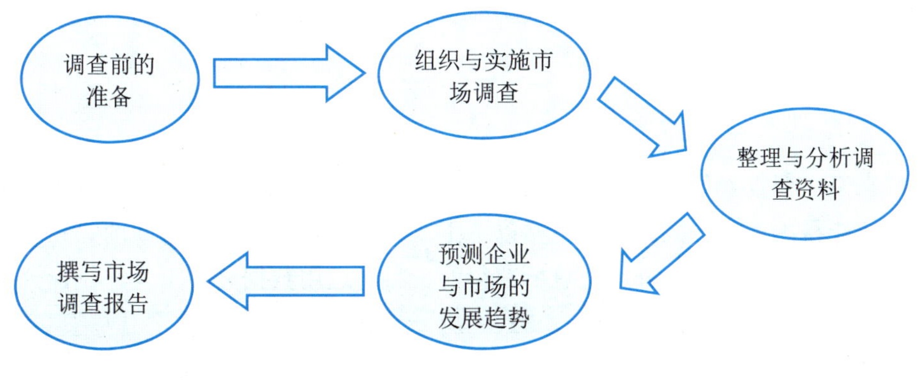

图 6-1　市场调查的步骤

（一）调查前的准备

1. 明确调查目标

明确调查目标是市场调查的第一步。调查人员先要明确并分析企业在经营管理中存在的决策问题，然后根据分析结果确定应当调查的信息，即确定具体且具有针对性的调查目标。例如，企业考虑是否应当推出新产品，调查人员通过对该问题的分析，最终确定调查目标为“了解消费者对新产品的期望和购买意愿”。

2. 确定调查内容

调查人员明确调查目标后，需要进一步确定调查内容。调查内容应当紧密围绕调查目标。一般来说，企业的调查内容包含消费者需求、产品的包装及价格、竞争对手的情况等。

3. 选定调查对象的范围

确定调查内容后，调查人员需要根据调查目标、调查内容选定调查对象的范围。

4. 选择调查方法

选定调查对象的范围后，调查人员需要根据调查的实际情况和客观要求，选择收集资料的方法，如问卷调查法、实地调查法、文案调查法等。

5. 制订和评估调查方案

调查方案是指导整个调查活动实施的方针，是对调查目标、调查内容、调查对象、调查方法及有关经费预算等内容的阐述。调查人员应制订详尽的调查方案，以保证接下来的调查工作顺利进行。

（二）组织与实施市场调查

市场调查的准备工作就绪后，调查人员便可以开始组织与实施市场调查。经过培训的调查人员，按照调查方案中确定的调查时间、调查地点、调查方法、调查内容等对调查对象进行调查，并搜集资料。调查人员能否收集到真实、有用的资料，决定了市场调查能否取得成功。

（三）整理与分析调查资料

一般来说，调查人员通过市场调查收集到的资料是分散且凌乱的，需要进一步整理与分析，才能得出调查结果。具体包括以下工作：审核资料是否是最新的、完整的、准确的；根据市场调查目标，分类汇总所获得的资料；运用数据分析工具，统计分析汇总的资料。

（四）预测企业与市场的发展趋势

预测企业与市场的发展趋势是指调查人员在市场调查的基础上，运用已收集的资料开展市场预测。例如，预测消费者的消费趋势、企业与市场的发展状况、竞争对手未来的经营决策等。

（五）撰写调查报告

市场调查报告的结构

在分析完资料并针对企业与市场的发展趋势做出预测后，调查人员应撰写调查报告。调查报告是市场调查的最终成果，其作用是为企业管理者做出营销决策提供依据。

任务实施

4～6人一组，设计一份调查问卷，了解本校各年级学生的饮食偏好。在设计调查问卷时，设计者应遵循以下要求。

（1）问卷所包含的问题不能过多，一般控制在10分钟左右填写完毕为宜。

（2）问题的排列顺序要合理，一般先提出概括性问题，再提出具体的问题，逐步启发调查对象，以便得到详细的资料。

（3）题型以选择题为主。题干的表述要中立、客观，避免带有倾向性。选项要明确，切忌模棱两可，以免使调查对象难以选择。

任务二　确定目标市场

任务导入

某网络平台推出“盐言故事”App

2023年5月，某网络平台宣布旗下“盐言故事”App正式上线。“盐言故事”定位为短故事平台，以“故事有盐，无需多言”为品牌主张，致力于为用户提供专业的、沉浸式的阅读体验。

该网络平台的负责人表示：“‘盐言故事’不仅开创了网文短篇赛道，更是数字阅读时代的新物种。相较于长篇小说，短故事在当下更符合用户的快节奏阅读需求。短故事之所以崛起，不是因为简单地抓住了年轻用户的碎片化阅读习惯，而是因为提供了优质的阅读内容。”

相较于注重即时体验的短视频，短故事更擅长给用户带来想像空间，为用户留下隽永的记忆。短故事注重在短篇幅内浓缩精华，强调在短时间内使用户代入情绪并产生共鸣，因此深受用户欢迎。

（资料来源：徐曼曼，《××上线全新品牌“盐言故事” 定位为原生短故事平台》，新华网，2023 年 5 月 19 日）

【思考题】

“盐言故事”App 是如何进行市场定位的？

一、市场细分

面对需求各异的消费者，企业因其资源有限，只能识别一部分目标消费者的详细需求，并集中为这一部分目标消费者提供优质的产品和服务，使目标消费者满意，从而保持企业的竞争优势。因此，企业必须进行市场细分，选择一部分市场作为自己的目标市场，并在目标上市场开展营销活动。

课堂讨论

如果不进行市场细分，企业可能会面临哪些风险和挑战？

（一）市场细分的概念及依据

1. 市场细分的概念

市场细分是指企业按照某种标准，将市场上的消费者划分成若干消费者群。每一个消费者群构成一个子市场，不同子市场的需求存在着明显的差别。

市场细分的基本形式

2. 市场细分的依据

企业主要以地理因素、人口统计因素、心理因素和行为因素为依据来细分消费者市场，如表 6-10 所示。

表 6-10 消费者市场的细分因素

细分因素	主要细分变量
地理因素	国家、地区、城市规模、地形地貌、气候、人口密度等
人口统计因素	性别、年龄、收入、职业、受教育程度等
心理因素	价值观、情绪、品牌偏好等
行为因素	生活方式、对产品的态度、购买动机、使用频率等

（二）市场细分的步骤

企业进行市场细分的步骤如下。

（1）确定目标市场的范围。例如，企业是计划进入服装市场还是食品市场。

（2）列举该市场范围中消费者关注的重点。例如，企业如果计划进入服装市场，消费者重点关注服装的适穿年龄、品牌、风格、价格、质量等；企业如果计划进入食品市场，消费者重点关注食品的种类、口味、价格、包装等。

（3）筛选消费者的共同需求和差异化需求，然后根据消费者的差异化需求，划分具体的细分市场。例如，某企业计划进入食品市场，在评估了消费者的需求后，发现消费者所需食品的种类和价格差别较大，于是该企业先将食品分为乳制品类、水果类、蔬菜类、冷冻饮品类、酒类等，再将食品价格分为低价、平价、高价，从而筛选出低价的冷冻饮品、平价的蔬菜、平价的水果、高价的水果等对应的细分市场。

（4）分析各个细分市场。针对各个细分市场进行具体分析，了解市场规模、消费者的购买力、购买行为特征等，从而选择合适的细分市场。

二、选择目标市场

（一）评价细分市场

评价细分市场主要是对细分市场的潜力、竞争状况，以及市场需求与企业资源优势的吻合程度等方面做出评价。其目的是企业在综合比较、分析的基础上，选择出最优的目标市场。

1．细分市场的潜力

细分市场的潜力取决于一定时期内各细分市场中的消费者对某种产品的最大需求量。细分市场应该有足够大的市场需求潜力，否则不值得被企业选择。

2．细分市场的竞争状况

细分市场的竞争来源于企业间的竞争和替代品的存在。

企业间的竞争不仅来自市场中已有的同类企业，也来自即将进入市场的其他企业。因此，企业不仅要考虑细分市场当前的竞争情况，还要考虑新竞争者加入之后的竞争状况。很显然，那些竞争者的数量少、竞争实力较弱，进入壁垒高、退出壁垒低的细分市场更具有吸引力。

替代品的存在会限制细分市场内产品价格和利润的增长，因此，那些不存在替代品或者替代品的替代性较弱的细分市场更具有吸引力。

3．市场需求与企业资源优势的吻合程度

企业资源优势表现在资金实力、生产规模、技术开发能力、经营管理能力、地理位置等方面。如果市场需求与企业资源优势相吻合，这将给企业带来发展良机。

（二）目标市场选择的模式

目标市场的选择有四种模式，包括产品专门化、消费者群单一化、市场分散化和市场覆盖化。

1．产品专门化

产品专门化是指企业集中生产一种产品，并向所有消费者销售这种产品。例如，某服装厂向青年、中年和老年消费者销售高档服装。在这种模式下，一旦出现其他品牌的替代品或消费者的偏好改变，企业将面临巨大的威胁。

2．消费者群单一化

消费者群单一化是指企业专门服务于某一特定的消费者群，尽力满足他们的各种需求。例如，企业专门为老年消费者提供各种档次的服装。在这种模式下，特定的消费者群的满意度较高，但是若这个消费者群的需求潜力和消费特点突然发生变化，企业就要承担较大的风险。

3．市场分散化

市场分散化是指企业选择几个细分市场，在每一个细分市场中，企业都有一定的优势，但各细分市场之间很少或根本没有任何联系。这种模式能够分散企业的经营风险，即使企业在某个细分市场失去优势，还能在其他细分市场营利。

4．市场覆盖化

市场覆盖化是指企业把所有的细分市场作为目标市场，为所有消费者群提供他们所需的所有产品。例如，某服装厂为不同年龄层次的消费者提供各种档次的服装。一般只有实力强大的企业才可能采用这种策略。

三、市场定位

企业为了使消费者能够清晰地识别出其独特的产品和形象，必须进行市场定位。

（一）市场定位的策略

常见的市场定位策略有特色定位策略、利益定位策略、用途定位策略和用户定位策略。

1．特色定位策略

特色定位策略是指企业结合需求情况与自身条件，尽量突出自身特色（如历史、产品价格、产品质量、产品成分等）的一种市场定位策略。例如，同仁堂将自身几百年的历史传统作为市场定位的依据，两元店将产品价格便宜作为市场定位的依据。

2．利益定位策略

利益定位策略是指企业宣传产品功能，突出产品能给消费者带来的利益，从而准确定位的一种策略。例如，佳洁士宣传其所生产的牙膏具有防蛀牙的作用，云南白药宣传其所生产的牙膏能够解决牙龈出血、口臭等口腔问题。

3．用途定位策略

用途定位策略是指企业围绕产品的新用途进行市场定位的一种策略。例如，某曲奇饼干的厂商最初将其产品定位为家庭休闲食品，后来发现不少顾客购买该产品是为了馈赠亲友，因此厂家又将其产品定位为礼品。

4．用户定位策略

用户定位策略是指企业根据特定用户的看法塑造恰当的形象，从而准确定位的一种策略。例如，某国货厂商针对不同年龄段的人群推出不同系列的护肤品。

（二）市场定位的方式

1．避强定位

避强定位是指企业为了避免与强有力的竞争对手发生直接竞争而将目标市场定为另一市场区域，或者企业使自己的产品在某些特征或属性方面与强势对手有明显区别的定位方式。

这种定位方式风险小且成功率高，有利于企业迅速在市场上站稳脚跟，并在消费者心中树立起鲜明的形象。

2．对抗定位

对抗定位是指具有一定实力的企业为提升市场地位，不惜与市场上占支配地位、实力最强或较强的竞争对手正面竞争，从而使自己的产品进入与竞争对手相同的目标市场的定位方式。由于竞争对手强大，这一竞争过程往往引人注目，企业及其产品能较快地被消费者了解，并能达到树立市场形象的效果。

这种定位方式可能引发激烈的市场竞争，具有较大的风险。选择这种定位方式的企业必须知己知彼，正确判定自身的资源条件和能力是否强于竞争者，或者能否与竞争者平分秋色。

3．重新定位

重新定位是指企业对销路窄、市场反应差的产品做出的二次定位。初次定位后，如果消费者的需求偏好改变，市场对该企业产品的需求减少；或者新的竞争者进入市场，树立与该企业相近的市场形象，这时，企业就需要对其产品进行重新定位。

一般来说，重新定位是企业摆脱经营困境、寻求新的增长点的有效途径。此外，企业如果发现新的目标市场，也可以进行重新定位。

任务实施

2～4 人一组，利用互联网了解瑞幸咖啡的市场定位，并将相关内容撰写成一份报告。

任务三　制订市场营销组合策略

任务导入

三星堆博物馆越来越“皮”

三星堆博物馆为了拉近与年轻消费者的距离，开展了一系列的营销活动，每一次的营销活动都结合了当下最流行的元素，以创新的玩法让严肃的文物不再“高冷”。

三星堆博物馆先是推出青铜面具雪糕，吸引不少网友“打卡”；接着又以三星堆出土文物青铜纵目人像、青铜神树、金杖、青铜太阳轮为创作灵感，推出“文物玩妆 图腾上脸”系列彩妆。该系列彩妆包括青铜纵目九色眼影盘、扶桑若木九色眼影盘、鱼凫唇泥、太阳轮腮红等产品，引来不少消费者的疯抢。

三星堆博物馆“玩”文创的步伐不止于此。在“2021 年淘宝造物节”，三星堆博物馆首次推出考古摇滚盲盒。盲盒以古蜀人用音乐沟通天地的传说为设计灵感，将青铜人像打造成一支摇滚乐队，其包含主唱黄金面具、键盘手金面罩青铜人、DJ 青铜神鸟、鼓手纵目面具、吉他手金面罩青铜人、贝斯手青铜人头像等 6 名成员，取名为“三星伴月”。每个人物都有独特的造型，看起来非常时尚。这种营销方式让文物“活”了起来，获得了年轻消费者的青睐。

【思考题】

三星堆博物馆推出青铜面具雪糕、彩妆产品、考古摇滚盲盒等一系列文创产品，这体现了怎样的营销理念？

一、产品策略

产品策略是企业为了在激烈的市场竞争中获得优势，在生产、销售产品时所运用的一系列措施和手段，包括产品组合策略、品牌策略等。其中，产品组合策略是市场营销组合策略的基础。

管理贴士

市场营销组合简称“营销组合”，是指企业为了实现营销目标，对自己可控制的各种市场手段的综合运用。1960 年，营销学家杰罗姆·麦卡锡将企业的各种市场手段归纳为“4P”组合，即产品（product）、价格（price）、销售渠道（place）和促销（promotion）。

（一）产品组合策略

产品组合策略包括扩大产品组合策略、缩减产品组合策略和产品延伸策略。

1. 扩大产品组合策略

扩大产品组合策略是增加产品组合的广度和深度的一系列措施和手段。增加产品组合的广度是指新增一条或几条产品线，扩展企业的经营范围；增加产品组合的深度是指在原有的产品线内新增产品项目。

扩大产品组合策略的优点是满足消费者的不同偏好与需求，提高产品的市场占有率；完善企业的产品系列，扩大企业的经营规模；充分利用企业的资源和生产能力，提高经济效益；减小市场需求变动对企业的影响，分散市场风险。

2. 缩减产品组合策略

缩减产品组合策略是减少产品组合的广度和深度的一系列措施和手段，即取消那些获利小的产品线和产品项目，以便企业集中力量经营获利大的产品线和产品项目。

缩减产品组合策略的优点是有利于企业实现生产经营专业化，提高生产效率；有利于企业集中资源改进产品的质量，提高产品商标的知名度；减少资金占用，加速资金周转。

3. 产品延伸策略

产品延伸策略主要包括向上延伸策略、向下延伸策略和双向延伸策略。

向上延伸策略是指企业在已有产品档次的基础上，增加高档次产品的策略。企业采取向上延伸策略可提高企业自身及现有产品的声望。

向下延伸策略是指企业在已有产品档次的基础上，增加低档次产品的策略。企业采取向下延伸策略可吸引低收入水平的消费者，提高市场占有率。

双向延伸策略是指企业在已有产品档次的基础上，同时增加高档次和低档次产品的策略。原定位于中档产品市场的企业在获得了市场优势后，采取双向延伸策略，可同时获得向上延伸和向下延伸策略所产生的效果。

（二）品牌策略

品牌策略是指能够增加品牌价值的一系列措施和手段，主要包括品牌化策略、品牌使用者策略和品牌名称策略。

1. 品牌化策略

品牌化策略是指企业通过注册商标，设计标志、包装等实现品牌标准化的策略。在早期的企业经营活动中，很少有企业使用品牌。随着社会经济的发展，企业为了吸引忠诚的客户、树立企业形象、防止侵权等，开始建立品牌。

建立品牌通常需要支付一定的费用（如包装费、商标注册费等），因此企业可以先衡量成本与利益，然后实施品牌化策略。

2．品牌使用者策略

品牌使用者策略包括企业使用本企业（制造商）的品牌、使用经销商的品牌，还有同时使用两种品牌的策略。

企业在实施品牌使用者策略时，需要结合具体的情况，充分考虑本企业与经销商的实力。如果本企业拥有良好的市场信誉和较大的市场份额，则应多使用本企业的品牌；如果经销商在某一市场领域中拥有良好的品牌信誉及庞大、完善的销售体系，则企业可以使用经销商的品牌。

3．品牌名称策略

品牌名称策略是指企业为众多的产品项目建立合适的品牌名称的策略，包括统一品牌名称、分类设定品牌名称、企业名称加个别品牌名称等手段。

统一品牌名称，即对所有的产品使用共同的品牌名称。采用这种策略的好处是推出新品时，企业可以节省品牌的设计费、广告费。如果企业已有品牌在市场拥有良好的形象和口碑，企业采用这种策略，则其新产品可以迅速打入市场。该策略的弊端是任何一种产品的声誉受损都会使企业或其他产品的声誉受到影响。

分类设定品牌名称，即针对每一种（类）产品设定一个品牌名称。当企业生产的产品类别差异化明显时，其往往采用该策略。企业可以对不同的产品分别进行市场定位，便于打入不同的细分市场。采用这种策略的好处是不会因为个别产品的声誉受损而影响其他产品的销售。但该策略对企业的品牌管理能力要求较高。

企业名称加个别品牌名称，即以企业名称和单个产品名称相结合的方式设定品牌名称。采用这种策略的好处是可以利用企业的声誉带动新品的销售，节省广告费，同时使各品牌保持相对的独立性。

二、价格策略

价格策略是指企业通过制订价格、调整价格等方式来促进产品销售，实现营销目的的一系列策略。

课堂讨论

产品价格对消费者的购买行为和企业利润有何影响？

（一）新产品定价

新产品定价合理与否，不仅关系到新产品能否顺利地进入市场、占领市场、产生较好的经济效益，而且关系到产品本身的命运和企业的前途。为新产品定价时，企业可采用撇脂定价、渗透定价和满意定价策略。

1．撇脂定价

撇脂定价是指在新产品进入市场的初期，企业将价格定得很高，以便在短期内获取丰厚的利润，迅速收回投资，并降低经营风险的定价方法。

2．渗透定价

渗透定价是指在新产品进入市场的初期，企业将价格定得很低，借以打开产品销路，提高市场占有率的定价方法。

3．满意定价

满意定价是指在新产品进入市场的初期，企业将价格定为中等水平，以避免高价带来的高风险和低价导致的经营困难的定价方法。

（二）价格调整

价格是企业在市场竞争中获胜的重要武器。企业需要根据市场状况、自身条件等影响因素的变化，适时调整产品基本价格。价格调整有降价和提价两种形式。

1．降价

企业降价的原因归纳起来有以下几种。

（1）市场需求不振。在宏观经济不景气的形势下，下调产品价格是许多企业借以渡过经济难关的重要手段。

（2）竞争压力较大。在强大的竞争压力下，企业的市场占有率下降，可能迫使企业降低价格来维持或扩大市场份额。

（3）企业的生产力过剩。企业的生产力过剩会带来库存积压的问题，当企业无法通过产品改良和加强促销等手段来扩大销售时，它就只能通过降价来提高销售量。

（4）根据产品生命周期的不同阶段来调整产品价格。在产品成长期后期或成熟期，市场竞争不断加剧，企业会通过下调产品价格来吸引更多的消费者。

2．提价

提价能够增加企业的利润率，但会引起竞争力下降、消费者不满、经销商抱怨等问题，甚至还会因此受到政府的干预和同行的指责，从而对企业产生不利的影响。尽管如此，在实际生活中仍然存在着较多的提价现象。其主要原因如下。

（1）成本费用增加。随着材料费、燃料费、人工费、运费、科研开发费、广告费等费用不断上涨，企业的利润空间不断被压缩。为了减少成本压力，保证利润率，企业会提高产品价格。

（2）通货膨胀。在通货膨胀的条件下，即使企业仍能维持原价，但随着时间的推移，其利润的实际价值也呈下降趋势。为了减少损失，企业只好提价。

（3）供不应求。对于某些企业来说，在产品需求旺盛而生产规模又不能及时扩大而出现供不应求的情况下，其可以通过提价来遏制需求，同时取得高额利润。

（4）利用消费者心理，提升品牌价值。企业利用涨价营造品牌形象，使消费者对产品产生价高质优的印象，从而提高品牌声誉。

知识视窗

企业会根据复杂的市场情况，采取灵活多变的定价策略。心理定价策略是常见的定价策略。它是指企业在制订产品价格时，根据不同类型消费者的消费心理来制订价格的一系列策略。

常见的心理定价策略有尾数定价策略、整数定价策略、声望定价策略、招徕定价策略、习惯定价策略等，如表 6-11 所示。

表 6-11　常见的心理定价策略

类型	策略	适用范围	示例
尾数定价策略	取尾数而不取整数，常用尾数 9、8、6 等，给人一种便宜或吉祥的感觉	适用范围较广	某款牙膏的价格为 9.9 元
整数定价策略	将产品价格定为整数	价格较贵的耐用品、礼品或消费者不太了解的产品	某款手机的价格为 5 300 元
声望定价策略	针对消费者对品牌的认知心理来制订产品价格	质量不易被评鉴的首饰、化妆品等产品	某知名品牌的护肤品价格为 520 元
招徕定价策略	针对部分消费者的求廉心理制订产品价格，将一种或几种产品定为低价产品	客单价不高的产品	某奶茶店推出“第二杯半价”活动
习惯定价策略	根据消费者的消费习惯和需求制订产品价格	日常消费品	企业一直将某款固定重量的洗衣液定价为 45 元/桶

三、渠道策略

（一）营销渠道的模式

根据有无中间商参与产品交换活动，营销渠道可分为直接渠道和间接渠道两大类。

1. 直接渠道

直接渠道是指企业（生产者）直接向消费者销售产品的渠道模式。在这种渠道类型中，没有任何中间商参与分销，生产者完全依靠自身的力量向消费者提供产品。

直接渠道主要适用于以下领域：一是工业品的分销，如大型设备、原材料等，许多工业品用户采用直接订购的方式从设备或零部件生产企业处购买产品；二是部分消费品的分销，如瓜果蔬菜、水产品等；三是服务产品的分销，如法律咨询服务、健康咨询服务等。

直接渠道有以下两种渠道形式，如表 6-12 所示。

表 6-12　直接渠道的形式

渠道形式	具体内容
传统直销	主要靠面对面接触推销产品，适用于保险、银行、房地产等行业。这种方式节省了流通费用，降低了产品成本
现代直销	借助大众传媒工具销售产品，如网上直销、电话直销、电视直销等。这种方式提高了沟通的时效性和便利性，节约了一对一沟通的成本

2. 间接渠道

间接渠道是指企业（生产者）通过中间商向消费者销售产品的渠道模式。企业（生产者）采用间接渠道销售产品时，通常与一个层次或多个层次的中间商合作。中间商的层次越多，渠道长度就越长。

直播——企业营销渠道新姿势

间接渠道主要包括以下三种渠道形式，如表 6-13 所示。

表 6-13　间接渠道的形式

渠道形式	具体内容
一级渠道	一级渠道是指生产者和消费者之间只有一个中间环节的渠道形式。 在消费品市场，中间商大多是零售商，如大型市场、购物中心等；在工业品市场，中间商则大多是代理商或批发商
二级渠道	二级渠道是指生产者和消费者之间有两个中间环节的渠道形式。 这种渠道形式在消费品市场上应用较为广泛，消费品市场的中间商通常是批发商（或代理商）和零售商；而在工业品市场，中间商则大多是代理商和批发商
三级渠道	三级渠道是指生产者和消费者之间有三个中间环节的渠道形式。 在消费品市场，中间商通常是代理商、零售商和处于代理商与零售商之间的专业批发商；在工业品市场，中间商则大多是代理商、批发商和处于代理商和批发商之间的其他经销商

（二）营销渠道选择策略

营销渠道选择策略一般包括渠道长度策略和渠道宽度策略。

1. 渠道长度策略

渠道的长度是指产品在流通过程中所经过的层级的多少。从企业的角度看，渠道越长，商品流通的周期越长，控制渠道就越困难，所以企业要尽量减少不必要的中间环节。

但渠道选择不是越短越好，也并非一成不变。企业应该根据影响渠道选择的因素，确定适合自己的渠道长度。常见的影响渠道选择的因素包括产品因素、市场因素、企业自身因素、自然资源因素、交通因素等，这些因素对某种产品的生产与销售规模产生影响，从而影响渠道长度的选择。

2. 渠道宽度策略

渠道的宽度是指企业在不同渠道层级使用同种类型中间商的数目。企业通常根据市场、中间商、企业自身、产品的具体情况来选择渠道的中间商数目，一般采用以下几种策略。

1）密集分销策略

密集分销策略又称“广泛性分销策略”“普遍性分销策略”，是指企业在同一渠道层级选用尽可能多的中间商来分销其产品的做法。该策略适用于生产日用品、工业原材料和标准件的企业，可以使产品在目标市场上形成铺天盖地之势，把产品分销到消费者可能到达的所有商店，以实现路人皆知且随处可买的效果，从而广泛地占领目标市场。

企业采用该策略能够提高市场覆盖率，方便消费者购买产品。其缺点如下：① 由于中间商的数目多，渠道管理的难度较大；② 企业要负责产品的广告宣传，渠道管理成本相对较高。

案例拓展

OPPO 与 VIVO 两家门店（以下简称“OV”）形象地诠释了中国式密集分销。在小米科技有限责任公司等企业大谈网络渠道、取消渠道中间环节的时候，OV 利用其庞大的代理商模式，通过门店、服务中心、体验中心从一线城市渗透到四线城市和五、六线城镇。

两家公司的线下门店如孪生兄弟般成双成对地出现在中国的大街小巷，只要存在 OPPO 门店，不出 50 步必有 VIVO 门店。

一般来说，城镇市场拥有较大的消费增长潜力，同时对农村消费具有极强的吸附、引领作用。城镇市场相当于整个消费市场巨人的“腰”，对上支撑，对下引领。OV 以占领城镇市场为核心，实现了终端渠道全覆盖。

2）独家分销策略

独家分销策略是指在一段时间内企业（生产者）在特定市场上只选择一家中间商来经销其产品的做法。该策略适用于技术含量高、价格较高、售前与售后服务水平要求比较高的产品，如名牌钢琴、汽车等。

采用独家分销策略，通常要求产销双方签订书面协议来保证彼此的权利和义务。例如，协议规定企业不得把同类产品委托给其他中间商经销，经销商不得经营其他竞争性产品。同时，协议对广告宣传费用的分摊方式、产品的优惠额度等都应做出规定，以便双方共同遵守。

该策略的优点如下：① 有利于企业控制中间商，与中间商密切合作，获得中间商的支持；② 有利于提高企业的经营效率，节约成本；③ 有利于排斥竞争产品进入同一市场。其缺点如下：① 中间商的市场覆盖面有限，企业可能会失去一部分潜在消费者；② 企业过分地依赖某一中间商，会面临较大的市场风险。

3）选择性分销策略

选择性分销策略是指企业在同一渠道层级精心选择几家中间商来分销其产品的做

法。该策略适用于耐用消费品、高档消费品、专用性较强的零部件及技术服务水平要求较高的工业品。

该策略的优点如下：① 企业能够通过优选中间商维护企业和产品的声誉，并对市场加以控制；② 有利于合作双方互相配合和监督，从而建立更密切的业务关系，增强各自的市场竞争力。其缺点是企业往往需要为中间商提供退货、换货、资金融通等配套服务，并承担一定的市场风险。

（三）营销渠道管理策略

企业建立营销渠道之后，必须对每个中间商加以选择、激励与评估，并随着时间的推移对营销渠道做出相应的调整，具体包括以下几个方面。

（1）选择渠道成员。企业选择渠道成员时，主要考虑其从业经验、经营产品的范围和品种、盈利情况、偿债能力、地理位置、合作态度、信誉和声望等。

（2）激励渠道成员。企业激励渠道成员时应采用恩威并施的方法，也就是“胡萝卜加大棒”的政策。一方面，提供高利润、额外奖金、广告津贴等激励；另一方面根据渠道成员的违约情况对其采取制裁措施，如减少渠道成员的利润、推迟交货、中止合作关系等。

（3）评估渠道成员。企业必须定期评估渠道成员的业绩，主要考虑销售目标的完成情况、存货水平、送货时间、服务水平等。

（4）修改渠道决策。企业需要根据市场的变化来调整营销渠道。例如，当消费者的购买模式改变、市场扩大、新竞争者加入、新的分销渠道出现时，企业需要调整现有的营销渠道。

四、促销策略

企业一般通过人员促销、广告促销、公共关系促销和营业推广等手段向消费者传递产品信息，从而引起他们的注意和兴趣，激发他们的购买欲望和购买行为，以达到扩大销售的目的。

（一）人员促销

人员促销是指推销人员直接与消费者接触、洽谈，并介绍产品和服务，促进产品销售的直接促销方式。人员促销的基本形式包括使用本企业的推销人员来推销产品、利用代理商或经纪人等专业推销人员来推销产品、利用兼职的推销员来推销产品等。

人员促销的优点是可以通过面对面交流，更好地了解消费者的需求，为其提供个性化的服务，提高推销成功的概率；可以了解消费者对产品或服务的反馈，从而能够更好地改进和优化产品或服务。人员促销的缺点是成本高，对推销人员的要求高，难以适应大规模的宣传需求。

（二）广告促销

广告促销是指企业通过各种广告媒体向消费者传递产品信息，促进产品销售的直接促销方式。常用的广告媒体有新媒体平台、杂志、报纸、广播、电视、宣传单（册）、广告牌、建筑物广告等。

广告促销可以提高消费者对产品的需求，增加销售量，但也会使销售费用增加。企业需要考虑影响广告费用的因素，然后根据自身的广告预算，合理地选择广告促销手段。影响广告费用的因素有广告的投放平台、广告的播放频率、产品的知名度、产品的市场份额、产品的替代性、市场竞争情况等，如表 6-14 所示。

表 6-14　影响广告费用的因素

因素	具体内容
广告的投放平台	投放平台的播放量越高，广告的效果越好，广告费用也就越高
广告的播放频率	广告的播放频率越高，广告费用也越高
产品的知名度	新产品的广告费用较高，有一定知名度的产品的广告费用相对较低
产品的市场份额	占市场份额较高的产品，其单位广告费用较低
产品的替代性	当产品的替代性较强时，企业为了区分本企业产品和市面上其他产品，往往需要付出较高的广告费用
市场竞争情况	竞争者投入的广告费用较高时，企业的广告费用也要增加，否则难以达到促销效果

（三）公共关系促销

公共关系促销是指企业利用公共关系，把自己的经营目标、经营理念、成就、重大活动等传递给社会公众，以企业的知名度、信誉度、美誉度等带动产品销售的一种间接促销方式。

现代企业一般都设有专门的公共关系部门，负责处理公关事务。企业可以通过制作内部刊物、发布新闻、举办记者招待会、参与公众活动、举办企业庆典活动、制造新闻事件、散发宣传材料等方式，树立良好的形象，从而扩大产品销售量，如表 6-15 所示。

表 6-15　公共关系促销的方式

方式	具体内容
制作内部刊物	企业的内部刊物，是管理者和员工的舆论阵地，是沟通信息、凝聚人心的重要工具，如海尔集团的《海尔人》就起到了这样的作用
发布新闻	由公关人员将企业的成就、重大活动及各种创新的政策，编写成新闻稿，借助媒体或其他宣传手段传播出去，帮助企业树立形象

（续表）

方式	具体内容
举办记者招待会	邀请新闻记者，发布企业信息，通过记者的笔传播企业重要的政策和产品信息，引起公众的注意
参与公众活动	通过各类捐助、赞助活动，努力展示企业对弱势群体的关爱和企业的社会责任感，树立良好的企业形象
举办企业庆典活动	通过举办企业庆典活动，营造热烈、祥和的气氛，展现企业蒸蒸日上的风貌，以增强公众对企业的信心
制造新闻事件	制造新闻事件能起到轰动的效应，如海尔轰动一时的“砸冰箱”事件
散发宣传材料	公共关系部门要为企业设计精美的宣传单或宣传册，在适当的时机向公众发放这些宣传材料，增进公众对企业的了解，扩大企业的影响力

（四）营业推广

营业推广是指企业通过发放优惠券、赠品等形式，刺激消费者需求的直接促销方式。它的优点是方式多样，见效快，能够通过直接的利益刺激消费者立马产生消费行为；缺点是效果维持的时间较短，过分渲染或长期频繁使用会降低消费者对产品的忠诚度。

常见的营业推广方式有赠送样品、发放折价券、包装促销、活动促销、设置特价产品、积分兑换等，如表 6-16 所示。

表 6-16　营业推广的方式

方式	具体内容
赠送样品	在门店内发放样品，或随其他产品附送
发放折价券	提前发放电子或纸质优惠券，消费者在购买某种产品时，凭券可获得一定的优惠
包装促销	以较优惠的价格提供组合包装的产品
活动促销	在展销会、博览会、技能竞赛、知识比赛等活动现场，推广和销售本企业的产品
设置特价产品	在产品包装上标明“低价”或采用特价方式推广，以吸引消费者
积分兑换	消费者购买一定金额的产品会获得积分，积分累积到一定数量后可兑换奖品

任务实施

在每年的 6 月 18 日到来之前，各大电商平台就会对“618”购物节活动进行预热，通过线上、线下各种渠道开展营销活动，吸引消费者购物。4～6 人一组，选择一个电商平台（淘宝、京东、抖音等），了解该平台是如何开展促销活动的，并将相关内容撰写成一份报告。

项目实训——A 公司玩转新媒体营销，提升品牌知名度

一、实训背景与内容

（接项目五的项目实训）目前餐饮行业的竞争压力较大，A 公司打算利用新媒体开展市场营销，提升自身的品牌知名度，吸引更多的消费者前来消费。请帮助 A 公司制作一个 PPT，阐述 A 公司的新媒体营销方案。

二、实训目的

通过本次实训，加深对营销管理知识的理解，提高运用相关理论知识分析、解决营销问题的能力。

三、实训步骤

（1）分组、分工。3～6 人一组，选出组长。组长结合小组成员的特长，确定任务分工。将小组成员及分工情况填入表 6-17 中。

表 6-17　小组成员及分工情况

班级：　　　　　　组号：　　　　　　教师：

小组成员	姓名	学号	任务分工
组长			
组员			

（2）开展市场调查。选择合适的调查方法，调查目标消费群体的偏好。

（3）选择目标市场。在市场分析的基础上，进一步对 A 公司进行定位。

（4）制订市场营销方案。制订产品策略和价格策略、渠道策略和促销策略，利用新媒体，增加品牌的曝光度，吸引消费者。

（5）制作 PPT。将市场调查、市场定位、目标市场的选择、市场营销方案的制订等内容以 PPT 的形式展示出来，PPT 页数不少于 15 页。

（6）演讲汇报。以抽签的方式确定汇报顺序，组长上台汇报本组分析结果，教师和其他同学可以提问或发表意见。

（7）各小组互评并打分。

（8）教师点评并打分。

四、实训评价

各小组配合教师完成如表 6-18 所示的实训评价表。

表 6-18 实训评价表

评价指标	评价标准	分值	评价分数		
			自评	互评	师评
综合素质（30%）	具有团队精神，积极与他人合作	5			
	具有创新能力和自主探究学习的意识	5			
	学习态度认真，课堂表现积极	10			
	按时完成实训任务	10			
知识与技能（70%）	掌握营销管理基础知识	10			
	选择合理的市场调查方法	5			
	市场分析全面、准确	10			
	市场定位准确	10			
	市场营销方案具有可行性、营利性、创新性	15			
	汇报语言流畅、有条理	10			
	PPT 重点突出、详略得当、制作精美、图文并茂	10			
合计		100			
总评	自评（20%）+ 互评（20%）+ 师评（60%）=	学生（签名）：			
		教师（签名）：			

思考与练习

一、单选题

1.（　　）又称“资料查阅寻找法”“间接调查法”。它是围绕某种目的，收集、整理、分析公开发表的各种信息的一种调查方法。

A．文案调查法　　B．问卷调查法

C．实地调查法　　D．观察调查法

2．某厂商针对不同性别的人群，推出相应的护肤品，是（　　）定位策略。

A．用户　　B．特色

C．用途　　D．利益

3.（　　）是指在新产品进入市场的初期，企业把价格定得很高，以便在短期内获取丰厚的利润，迅速收回投资，并降低经营风险的定价方法。

A. 撇脂定价　　B. 渗透定价
C. 心理定价　　D. 满意定价

二、多选题

1. 市场调查的类型包括（　　）。

A. 消费者需求调查　　B. 产品价格调查
C. 销售渠道调查　　D. 营销环境调查

2. 企业降价的原因有（　　）。

A. 企业的竞争压力大　　B. 产品供不应求
C. 企业的生产力过剩　　D. 市场需求不振

3. 影响广告费用的因素有（　　）。

A. 产品的知名度　　B. 产品的市场份额
C. 产品的替代性　　D. 广告的播放频率

三、判断题

1. 访问调查的优点是省时、省力、可获得高质量的数据。（　　）
2. 增加产品组合的深度是指添加一条或几条产品线，扩展企业的经营范围。（　　）

四、简答题

1. 简述消费者市场细分的依据。
2. 简述市场定位的方式。
3. 简述公共关系促销的含义及方式。

五、案例分析题

新式茶饮消费火热

2022 年冬天，围炉煮茶作为一种新奇的喝茶方式在社交媒体上“走红”。三五好友，围炉而坐，煮一壶茶……中式场景与现代创意相结合，成为不少人聚会的新选择。

2023 年夏天，围炉冰茶出现，该话题相关的视频在抖音平台的播放量超过 8 000 万次。“唯美”“慢生活”“一杯一盏品人生”等词汇成为围炉冰茶相关视频中出现的高频词。与冬季的煮茶不同的是，在夏季商家将炉子里的炭火换成了冰块或干冰。喝茶时，雾气弥漫开来，氛围感十足。不少人为了“拍照打卡”，身着汉服体验围炉冰茶。“一个人坐在店里，仿佛远离了城市，时间都慢下来了。有时和客户交谈也会选在这种氛围比较好的地方，聊起来心情更轻松自在。”有网友说。

随着新式茶饮消费火热，自助共享茶室悄然兴起。网上预订、扫码开门、自助泡茶，没有服务人员，自己就是茶室主人，体验全程自助的喝茶方式。专家认为，新式茶饮消费满足了人们的社交需求、情感需求，为消费者带来了新鲜的消费体验。

（资料来源：卫嘉、白宇，《新式茶饮线上消费热起来》，人民网，2023 年 10 月 1 日）

思考：

（1）新式茶饮的主要消费群体有哪些？

（2）新式茶饮走红的原因有哪些？

项目七 财务管理
——利析秋毫，掌管命脉

项目导读

财务管理是企业组织财务活动、处理财务关系等经济管理工作的总称。其目标是实现企业利润最大化、股东财富最大化和企业价值最大化。

本项目主要介绍企业的筹资管理、投资管理、成本控制、利润管理及财务分析等内容。

学习目标

知识目标

（1）了解筹资的概念、目的。
（2）熟悉筹资的原则、类型，资本来源及筹资方式。
（3）了解投资的概念、意义、原则。
（4）掌握投资的分类及投资管理的程序。
（5）了解成本的分类、成本核算。
（6）掌握成本控制的途径及方法。
（7）了解利润的构成、分配及股利政策。
（8）了解财务分析的意义、信息来源及内容。
（9）掌握财务综合分析的方法。

能力目标

（1）能够对企业的净利润进行分配。
（2）能够根据企业的财务报表，分析企业的偿债、营运、盈利、发展能力。

素养目标

（1）加强职业道德，树立诚信观念。
（2）树立风险意识，提高主动防范风险的能力。

任务一　了解现代企业筹资管理

任务导入

企业贷款难，银行为何要惜贷

甲公司是一家泡菜加工企业，拥有价值2亿多元的资产，占全国泡菜市场约60%的份额，近年来却饱受流动资金不足的困扰。甲公司的创始人田某在一次座谈会上大倒苦水，她当场发问：“我始终搞不懂，像我们这样的企业，一年交税300多万元，解决了附近10余个县的蔬菜出售问题，为6 000多个农民提供了就业岗位，从来没有赖账，为什么就贷不到款呢？”

甲公司的流动资金状况的确存在很大的问题。4、5月份正是蔬菜收购和泡菜出厂的高峰期，该公司每天从农民手中购进价值70多万元的大蒜、萝卜等蔬菜。但田某坦言，她已经向农民打了400多万元的“白条”。此外，为了建造无菌车间，田某还花了100多万元引进设备。甲公司已向银行提出了800万元的贷款申请，但目前还没有批下来。如果贷款申请批不下来，甲公司就没办法完成下一步的四季豆收购计划。

【思考题】

1. 从资金的安全性考虑，银行为何要惜贷？
2. 甲公司还可以采取哪些筹资方式？

一、企业筹资的概念与目的

（一）企业筹资的概念

筹资是指企业为满足生产经营的资金需要，向企业外部单位或个人及企业内部人员筹措资金的一种财务活动。筹资管理是企业对筹资活动进行的计划、组织和控制。通过筹资管理，企业可以在明确筹资需求的基础上权衡筹资成本与筹资风险，选择适合企业的筹资渠道和筹资方式。

（二）企业筹资的目的

1. 满足企业设立的条件

资金是设立企业的第一道门槛，根据《中华人民共和国公司法》（以下简称《公司法》）、《中华人民共和国合伙企业法》、《中华人民共和国个人独资企业法》等相关法律的规定，任何一个企业（或公司）在设立时都要符合企业章程（或公司章程）规定的全体股东认缴出资额的条件。有些企业在设立时需要为取得开展经营活动的基本资金而进行筹资。

2. 保证日常经营活动的顺利进行

企业在开展日常经营活动的过程中，经常会出现季节性、临时性的支付需求，如购买原材料、集中发放员工工资、提前偿还银行借款、发放股东股利等。企业会为了满足经营活动所形成的支付需求而进行筹资。

3. 满足企业扩大经营规模或对外投资的需要

具有良好发展前景或处于成长期的企业，往往会产生扩张性筹资需求。例如，企业一旦扩大再生产，开展对外投资，就需要大量追加资金。扩张性筹资在筹资的时间和金额上，都要配合投资决策和投资计划的安排，避免贻误投资时机造成资金闲置。扩张性筹资往往带来企业资产总规模的增加和资本结构的明显变化。

4. 调整资本结构

企业产生调整性筹资需求的情形大致有两种：一是优化资本结构。当企业的债务资本比例过高，存在较大的财务风险时，企业可以通过筹资增加股权，减少债务资金，达到优化资本结构的目的。二是调整债务结构。当企业的流动负债比例过大，偿还债务的压力较大时，企业可以通过筹资来偿还部分短期债务。

二、企业筹资的原则

（一）合法性原则

合法性是企业在筹资过程中应遵循的首要原则。企业筹资活动属于经济活动的范畴，必定受到国家法律法规的约束。企业筹资的方式主要包括民间融资和银行贷款融资，可能引发以下两种法律风险：一是行为人不具有吸收存款的主体资格却吸收公众存款，这是破坏金融秩序的违法行为。二是行为人具有吸收存款的主体资格，但其吸收公众存款所采用的方法是违法的。例如，某企业虚构融资用途，采用擅自提高利率的方式吸收22亿元公众存款，用于恶意竞争，违反中国人民银行关于利率的规定，扰乱金融秩序。

（二）效益性原则

效益性是企业追求的目标之一。企业在筹资之前，必须分析资金的投放项目，预测该项目产生的经济效益及企业的偿还能力。企业在选择筹资渠道时，还要权衡筹资成本与风险，综合考察各种筹资渠道和方式，选择最优的筹资组合。

（三）及时性原则

筹资需要一定的时间和成本，因此，企业应提前规划好资金的需求和筹资计划。企业在选择好投资项目并确定资金需求量之后，应及时筹措资金，以满足资金投放的需求。

（四）合理性原则

合理的资本结构可以帮助企业保持资金链安全运转，降低财务风险，并提高企业的价值和盈利能力。因此，企业在筹资时，应保持合理的资本结构和适当的偿债能力。

三、企业筹资的类型

企业筹资根据不同的分类标准可分为不同的类型。

（一）根据资金的权益特性分类

根据资金的权益特性的不同，企业筹资分为权益筹资、债务筹资和混合筹资。

1. 权益筹资

权益筹资是指企业通过卖产权或股权来获取资本的筹资方式。其筹集到的资本被称为权益资本或主权资本。

权益资本具有以下特点。

（1）权益资本是企业依法取得并长期拥有的资本，其所有权属于企业所有者。在企业存续期间，企业有权调配、使用权益资本。

（2）企业所有者除依法转让其所有权外，不得以任何方式抽回其投入的资本。因此，企业承担的财务风险较小。

（3）企业所有者凭其所有权依法参与企业的经营管理和利润分配，并对企业债务承担有限或无限责任。

2. 债务筹资

债务筹资是指企业按约定的代价和用途取得资本且需要按期还本付息的一种筹资方式。企业可以采用向金融机构借款、发行债券、利用商业信用和融资租赁等方式筹得资本，其筹集到的资本被称为债务资本。

债务资本具有以下特点。

（1）债务资本体现了企业和债权人之间的债权债务关系。债务资本的所有权不发生变化，只是债权人对资本使用权的临时让渡。

（2）企业到期要归还本金，且无论其经营状况好坏，企业都需要在规定期限支付固定的债务利息，因此其要承担较大的财务风险。

（3）债务筹资成本一般比权益筹资成本低，且债务筹资不会分散企业所有者对企业的控制权。企业的债权人无权参与企业的经营管理和利润分配，且对企业的其他债务不承担责任。

3. 混合筹资

混合筹资兼具权益筹资与债务筹资的性质，最常见的混合筹资方式是发行可转换公司债券和认股权证。

可转换公司债券简称“可转换债券”，它是一种可以在特定时间、特定条件下转换为普通股票的企业债券。可转换债券兼具债券和股票的特征。

认股权证是发行人（即公司）和认股权证持有人两方之间的一种协议，该协议赋予持有人在特定时间范围内以指定价格购买公司股权（股票）的权利。

（二）根据是否借助于金融机构分类

根据是否借助金融机构等媒介来获取社会资金，企业筹资分为直接筹资和间接筹资。

1. 直接筹资

直接筹资是指企业不借助于银行等金融机构，直接向资本所有者融通资本的一种筹资方式。在直接筹资过程中，筹资企业以各种证券为媒介，采用发行股票、债券等筹资方式取得资本。

直接筹资的程序较为复杂，筹资效率较低，筹资费用较高。但直接筹资可以最大限度地筹集社会资金，有利于提高企业的知名度。

2. 间接筹资

间接筹资是指企业借助银行等金融机构融通资本的一种筹资方式，包括向银行借款、融资租赁等。在间接筹资活动中，银行等金融机构充当媒介，它们先集聚资本，然后将资本提供给筹资企业。

间接筹资的程序简单，筹资效率高，筹资费用低，是目前我国企业最常用的筹资方式之一。

（三）根据资本的来源范围分类

根据资本的来源范围的不同，企业筹资分为内部筹资和外部筹资。

1. 内部筹资

内部筹资是指企业通过内部留存收益形成资本来源的筹资方式。内部筹资是企业自身储存、积累形成的，由内部收益自动生成或转移，不需要通过一定的方式去筹集，也不需要企业支付筹资费用，有利于降低企业的筹资成本。

2. 外部筹资

外部筹资是指企业在内部筹资不能满足需要时，向企业外部筹资而形成资本来源的筹资方式。对于初创期和成长期的企业来说，内部筹资往往难以实现或满足其发展需要，因此企业需要广泛开展外部筹资。企业进行外部筹资一般采用发行股票、债券，取得商业信用，向银行借款等方式，其既要支付筹资费用，又要支付用资费用，因而筹资成本较高。

（四）根据所筹集资本的使用期限分类

根据所筹集资本的使用期限的不同，企业筹资分为长期筹资和短期筹资。

1. 长期筹资

长期筹资是为了筹集长期资本。长期资本是指企业筹集的使用期限在一年以上的资本。该资本通常包括各种权益资本和长期借款、长期债券、融资租赁产生的长期应付款等长期债务资本。长期资本主要用于购买或建造固定资产、取得无形资产和保障资金正常运转等。

企业进行长期筹资时，一般采用吸收直接投资、发行股票、利用留存收益、发行长期债券、举借长期债务和融资租赁等方式。长期筹资是一种高成本、低风险的资本来源。

2. 短期筹资

短期筹资是为了筹集短期资本。短期资本是指企业筹集的使用期限在一年以内的资本。企业的短期资本就是流动负债，主要包括短期借款、应付或预收账款、其他应付款、应付工资、应交税金和应付短期债券等项目。

企业进行短期筹资时，通常采用向银行等金融机构借款、利用商业信用、发行短期融资券等方式。短期筹资是一种低成本、高风险的资本来源。

四、企业筹资的资本来源与筹资方式

（一）资本来源

企业筹资的资本来源主要包括以下几种：企业自留资本、国家财政资本、银行信贷资本、非银行金融机构资本、其他企业和单位资本、民间资本和港澳台资本。

1. 企业自留资本

企业自留资本主要是指企业的留存收益。这些资本不需要通过一定的方式去筹集，直接由企业内部自动生成或转移。

2. 国家财政资本

国家财政资本是指国家以财政拨款、财政贷款、国有资产入股等形式向企业投入的资本。它是我国国有企业的主要资本来源。

3. 银行信贷资本

银行信贷资本是指各大商业银行和国家政策性银行贷放给企业的资本。它是我国各类企业最重要的资本来源。

4. 非银行金融机构资本

非银行金融机构包括信托投资公司、证券公司、融资租赁公司、保险公司等。它们可以为企业及个人提供各种金融服务，包括投放信贷资金、融通物资、承销企业证券等金融服务。

5. 其他企业和单位资本

在生产经营过程中，有些企业会出现部分资金闲置的情况，而有些企业会出现资金短缺的情况。此时，企业可以通过资金融通解决各自的资金问题，同时获得经济效益。

6. 民间资本

民间资本主要包括企业职工和城乡居民手中暂时不用的资金。企业可以通过发行股票、债券等方式将这些闲散资本聚集起来，从而形成企业的资本。

7. 港澳台资本

在改革开放的条件下，对于我国香港、澳门和台湾地区的投资者持有的资本，企业也可加以吸收。

（二）筹资方式

企业目前采用的筹资方式主要包括以下几种：吸收直接投资、发行股票、利用留存收益、向金融机构借款、融资租赁、利用商业信用、发行债券。前三种筹资方式筹措的资本为权益资本，后四种筹资方式筹措的资本为债务资本。

1. 吸收直接投资

吸收直接投资是指企业以签订投资合同、协议等形式，定向地吸收国家、法人单位、自然人等投资主体的资本的筹资方式。吸收直接投资不以股票为媒介，适用于非股份制企业，是非股份制企业取得权益资本的一种重要方式。

2. 发行股票

发行股票是指股份制企业通过在股票市场发行股票向投资者筹集资金的方式。

3. 利用留存收益

留存收益是企业按规定从税后利润中提取的盈余公积和未分配利润。企业利用留存收益并将收益转化为投资，这是企业筹集权益资本的一种重要方式。

4. 向金融机构借款

向金融机构借款是指企业以签订借款合同的形式，从银行或非银行金融机构取得资本的筹资方式。它适用于各类企业，是企业获得长期和短期债务资本的主要筹资方式。

5. 融资租赁

融资租赁又称“资本租赁”“财务租赁”，是指租赁公司按照承租企业的要求，融资购买设备，并按照契约或合同的规定，提供给承租企业长期使用的一种筹资方式。在使用期限内，承租企业需要向租赁公司缴纳租金。

融资租赁的程序

6. 利用商业信用

商业信用是指在商品或劳务交易中，企业之间由于延期付款或延期交货所形成的借贷信用关系。利用商业信用获取短期资本是企业常用的一种筹资方式。

7. 发行债券

发行债券是企业通过发售债券取得资本的一种筹资方式。按照我国《公司法》《中华人民共和国证券法》等法律法规的规定，只有股份有限公司、国有独资公司、两个以上的国有企业或者两个以上的国有投资主体投资设立的有限责任公司，才有资格发行公司债券。

课堂讨论

企业应该如何权衡各种筹资方式的利弊？

知识视窗

互联网金融的兴起拓宽了企业的筹资渠道，影响比较大的有网络借贷、众筹、大数据金融等。

网络借贷是指借贷双方借助电子商务网络平台，确立借贷关系并完成相关交易手续的一种筹资方式。这种筹资方式具有以信用为基础，筹资金额小、利率高、风险大的特点。它有助于缓解小微企业贷款难的困局，盘活民间资本，促进民间借贷的发展。

众筹是指以实物、作品、股权等作为回报形式，通过互联网平台向公众或特定人群募集项目资金的一种新型筹资方式。它具有成本低、参与门槛低、募集资金规模小，有利于产品推广的特点。众筹主要适用于研发文创产品、影视作品、高新技术等内容的中小型企业。

大数据金融是指依托于海量、非结构化的数据，借助互联网、云计算等，专业化挖掘和分析数据，进而帮助借贷双方开展资金融通工作的一种筹资方式。例如，某互联网金融平台通过开展大数据金融业务向中小企业提供小额信贷。

（三）资本来源与筹资方式的关系

企业需要依靠一定的资本来源，运用一定的筹资方式来筹资。资本来源与筹资方式的对应关系如表 7-1 所示。

表 7-1 资本来源与筹资方式的对应关系

资本来源	筹资方式						
	吸收直接投资	发行股票	利用留存收益	向金融机构借款	融资租赁	利用商业信用	发行债券
企业自留资本	√	√	√				
国家财政资本	√	√					
银行信贷资本				√			
非银行金融机构资本	√	√		√	√		√
其他企业和单位资本	√	√				√	√
民间资本	√	√					√
港澳台资本	√	√		√			√

确定资本来源和选择筹资方式是两项重要的财务工作，直接影响企业所能筹措资本的多少及筹资成本和风险，因此，企业管理者需要深刻地认识各种资本来源和筹资方式的特征、性质及其与企业融资要求的适应性，在权衡筹资成本和风险的基础上，合理地选择资本来源和筹资方式，确保筹资计划的完成。

任务实施

民营企业要想在激烈的市场竞争中获得发展，就要拥有充足的流动资金。因此，研究民营企业的筹资方式是很有意义的。2～4 人一组，选择一家民营企业，分析其资本来源、筹资方式的选择、在筹资过程中遇到的问题，以及筹资优化策略。

任务二　了解现代企业投资管理

任务导入

某上市公司的跨界投资

“双碳”（我国力争在 2030 年前实现碳达峰、在 2060 年前实现碳中和）背景下，光伏发电行业迎来巨大的发展机遇。那些率先布局光伏发电行业的公司已尝到甜头，股价翻倍、净利润大幅增长对这些公司来说都不是新鲜事。因此，越来越多的公司选择跨界进入光伏发电行业。

2022 年 8 月 16 日，某上市公司发布公告，拟收购某科技公司 80%的股权，跨界布局光伏新材料业务。该科技公司成立于 2022 年 1 月，是一家处于光伏发电产业链上游，生产单晶硅棒及单晶硅片材料的专业制造商。

有人认为，光伏发电是发展最快的新能源行业，上市公司纷纷跨界进入光伏发电行业是顺应新时代经济发展的趋势，也是顺应“双碳”背景下能源转型的趋势。也有人认为，企业跨界投资光伏发电行业站上了风口，会面临较大风险。企业想要实实在在地获得收益，需要具备有效的决策、良好的整合能力和较高的管理水平。

【思考题】

1. 结合上述资料，分析企业投资的意义。
2. 你如何看待某上市公司跨界投资的风险与收益？

一、企业投资的概念与意义

（一）企业投资的概念

企业投资是指企业以获得未来收益为目的，通过投入一定量的货币或实物等资源来经营某项事业的行为。例如，企业开展工程建设，购置机械设备，购买股票、债券等。

（二）企业投资的意义

1. 投资影响企业的生存与发展

企业的生产经营就是企业运用的资产，在生产过程中形态不断转换的过程。企业需要通过投资配置资产才能形成生产能力。实际上，无论是新建一个企业，还是建造一条生产流水线，都是一种投资行为。通过投资，企业确立经营方向，配置各类资产，并将它们有机地结合起来，形成企业的综合生产经营能力。因此，投资决策正确与否，直接关系到企业的生存与发展。

2. 投资是企业获取利润的途径

一方面，企业可以通过投资形成生产能力，并开展具体的经营活动，从而获取利润。另一方面，企业可以通过购买股票、债券等有价证券的方式向其他单位投资，从而获取投资收益（股利、债息），也可以通过转让证券来获取资本利得。

3. 投资是企业控制风险的手段

一方面，企业可以将资金投向生产经营的薄弱环节，进一步增强企业的生产经营能力。另一方面，企业可以将资金投向与经营相关程度较低的不同产品或不同行业，实现多元化经营，从而分散风险，增强资产的安全性。

二、企业投资的原则

（一）安全性原则

企业的任何投资行为都必然会面临不同程度的风险，风险防范与规避是企业进行投资时必须考虑的问题。企业在做出投资决策之前，必须认真权衡投资回报和风险，不要盲目投资。

案例拓展

某企业没有进行深入的实地调研就投资了一个国外的电厂工程项目。在施工时，该企业发现工程地基之下存在一个大型溶洞，需要花费上亿元人民币进行桩基处理，企业因此遭受了重大的损失。

（二）效益性原则

企业投资的根本目的是谋求利润，增加企业的价值。企业在投资前，必须考虑该项投资的经济效益，以及投资对企业整体经济效益的影响。

（三）流动性原则

企业无论是对外投资，还是对内投资，都应当以拥有足够的闲置资源为基础，还应以保持良好的变现能力为原则，从而降低投资风险。

三、企业投资的分类

（一）根据投资与企业生产经营的关系分类

根据投资与企业生产经营的关系不同，企业投资分为直接投资和间接投资。

1．直接投资

直接投资是指企业将资金或资源投入生产经营领域，以获取利润的投资行为，如建设厂房、购置设备、购买原材料等。直接投资是企业实现增长的重要条件，它可以扩大企业的生产能力，增加实物资产的存量，为企业生产最终产品和提供劳务创造物质基础。

2．间接投资

间接投资又称“证券投资”，是指企业购买股票、债券、基金等各种有价证券，从而获取一定收益的投资行为。投资企业凭股票或债券收取股利或债息，而不介入被投资企业的生产经营与管理。

（二）根据投资项目经济寿命的长短分类

根据投资项目经济寿命的长短，企业投资分为短期投资和长期投资。

1．短期投资

短期投资又称“流动资产投资”，是指企业将筹集的资金用于能够在一年内收回本金的投资项目。例如，企业将资金用于购买原材料、短期债券等。

2．长期投资

长期投资又称“固定资产投资”，是指企业将筹集的资金用于在一年以后才能收回本金的投资项目，如购买机器设备、建设厂房等。

课堂讨论

股票投资属于长期投资还是短期投资？

（三）根据投资的方向分类

根据投资方向的不同，企业投资分为对内投资和对外投资。

1. 对内投资

对内投资是指企业把资金投向企业内部，形成各项流动资产、固定资产、无形资产和其他资产的投资行为。对内投资都是直接投资。

其中，流动资产是指将在一年或超过一年的一个营业周期内变现或者耗用的资产，包括现金、银行存款、短期投资、应收账款、应收票据、存货、预付费用等。流动资产与生产、流通活动紧密结合，其周转速度快，变现能力强。

固定资产是指企业为生产商品、提供劳务、出租或经营管理而持有，使用时间超过一年且价值达到一定标准的非货币性资产，包括房屋、建筑物、机器、运输工具及其他与生产经营活动有关的设备、器具等。

无形资产是指企业拥有的没有实物形体但能够获得收益的资产，主要包括专利权、商标权、著作权、土地使用权、专营权、非专利技术、商誉等。

无形资产基础知识

2. 对外投资

对外投资是指企业以投入现金、实物资产、无形资产等方式或者以购买股票、债券等有价证券的方式对其他单位进行的投资。对外投资主要是间接投资。

四、企业投资管理的程序

企业投资管理的程序主要包括制订投资计划、进行可行性分析、做出决策、执行投资计划、评估投资结果。

（1）制订投资计划。为把握投资机会，企业需要根据自身的长远发展战略、中长期投资目标和投资环境的变化确定具体的投资计划。投资计划是指企业对投资项目（或投资方向）、投资金额、投资期限等方面的规划。

（2）进行可行性分析。可行性分析主要是对投资回报率、市场需求、技术、法律法规和政策等方面的分析，如表 7-2 所示。

表 7-2　投资计划的可行性分析

分析方向	具体内容
投资回报率	企业需要对投资项目进行财务预测，包括预测投资项目未来的现金流、收益和回报率等，从而评估投资项目的经济效益和可行性
市场需求	企业需要对目标市场开展深入调研，了解客户的需求、偏好和购买力等信息，预测投资项目未来的销售和供求情况

（续表）

分析方向	具体内容
技术	如果投资项目涉及新技术，企业需要对新技术进行研究和测试，确保借助新技术能够实现预期的投资目标
法律法规和政策	企业需要了解相关的法律法规和政策，确保投资项目符合相关规定并能够获得必要的许可和认证

（3）做出决策。基于投资项目的评估结果，企业需要做出决策。如果投资项目符合要求，企业应执行投资计划。

（4）执行投资计划。企业应按照计划逐步推进投资项目。同时，企业还需要持续地监控投资项目，及时发现和解决潜在的问题，并根据新的情况调整投资计划。

（5）评估投资结果。投资项目完成后，企业需要评估投资结果，包括投资项目的实际回报率、对企业发展的贡献等。其目的是总结经验与教训，为未来的投资管理提供参考和借鉴。

任务实施

腾讯的投资范围广泛，涉及多个领域，如文娱传媒、消费零售、金融科技等。2～4 人一组，详细分析腾讯的投资领域及投资方式。

任务三　了解现代企业成本控制

任务导入

某快餐店的降本管理

餐饮行业属于劳动密集型产业，餐饮行业的人工成本占总收入的 30%左右，因此餐饮行业的成本管理非常重要。某快餐店通过成本控制取得了成功。该快餐店采用的成本控制措施如下。

（1）培养员工的成本控制意识。从员工入职的第一天起，该快餐店就会安排一对一的岗前培训。在培训的过程中，培训人员不断地强调成本控制的重要性，使成本控制意识渗透到每一位员工的脑海中。

（2）设立成本标准。一旦发生材料浪费、产品不合格、原材料过期等情况，造成经济损失，员工就需要填写材料/产品废弃表，记录时间、材料/产品数量和作废原因，以便进行成本分析和预算分析。

（3）降低人工成本。一方面，该快餐店实行分班制，减少人流较少时段的值班员工数量。另一方面，该快餐店的兼职人员占全体员工人数的50%以上。

（4）信息化管理。中午和晚上是快餐店的营业高峰时段，为了方便顾客点餐和结账，该快餐店引进了自助点餐机并支持手机点餐。这种模式节约了顾客点餐和排队的时间，提高了快餐店的工作效率。

（5）统一采购配送制。产品的主要原料（鸡肉、调料）供应商由总公司确定，一般原料（面包、饮料）供应商由各区级公司确定，订货经理根据需求计划表定期订货。需求计划表中包括所订原料、期末存量、预估需求量、订货量等详细数据。这种统一采购、统一配送和统一价格的模式能够有效地降低成本并压缩商品库存量，从而提升利润率。

（资料来源：周经纬、朱翠霞，《×××餐厅成本控制及其启示》，《陇东学院学报》，2011年5月第2卷第3期）

【思考题】

你从上述案例中学到了哪些成本管理经验？

一、成本的分类

成本一般可以从形成过程和经济用途两个方面进行分类。

（一）根据形成过程分类

1. 产品投产前的成本

产品投产前的成本主要包括产品设计成本、物资采购成本和加工工艺成本。

2. 制造过程中的成本

制造阶段是成本实际形成的主要阶段，绝大部分的成本支出发生在这个阶段。制造过程中的成本包括原材料、人工、能源动力、各种辅料、物料运输费用等。

3. 流通过程中的成本

流通过程中的成本包括产品包装费用、厂外运输费用、广告促销费用、销售部门开支和售后服务费用等。

（二）根据经济用途分类

1. 生产成本

生产成本又称“制造成本”，由直接材料费用、直接人工费用和制造费用三部分组成。

直接材料费用是指用于产品生产的主要材料、辅助材料、燃料和动力费用等。

直接人工费用是指为生产产品的工人支付的薪酬费用。

制造费用包括各生产单位管理人员的薪酬、固定资产折旧费、经营租赁费、水电费等其他制造费用。

2. 非生产成本

非生产成本又称“非制造费用”，它是由销售费用、管理费用和财务费用三部分组成，一般被视为期间费用。

销售费用包括销售人员的薪酬、业务费、产品装卸费、产品包装费、展览费和广告费等。

管理费用包括企业经营管理中发生的管理人员的薪酬、办公费、差旅费、诉讼费等。

财务费用是指企业为筹集生产经营所需资金而发生的费用，包括利息净支出、汇兑损益（由汇率的变动而产生的外汇兑换损益）、与金融机构相关的手续费等。

二、成本核算

成本核算是指将企业在生产经营过程中发生的各种耗费，按照一定的对象进行分配和归集，以计算总成本和单位成本。成本核算是成本管理的重要组成部分，对企业的成本预测和企业的经营决策有重要的影响。

（一）成本核算的步骤

成本核算的过程从审核生产费用开始，到计算出产品的总成本和单位成本为止，具体步骤如图 7-1 所示。

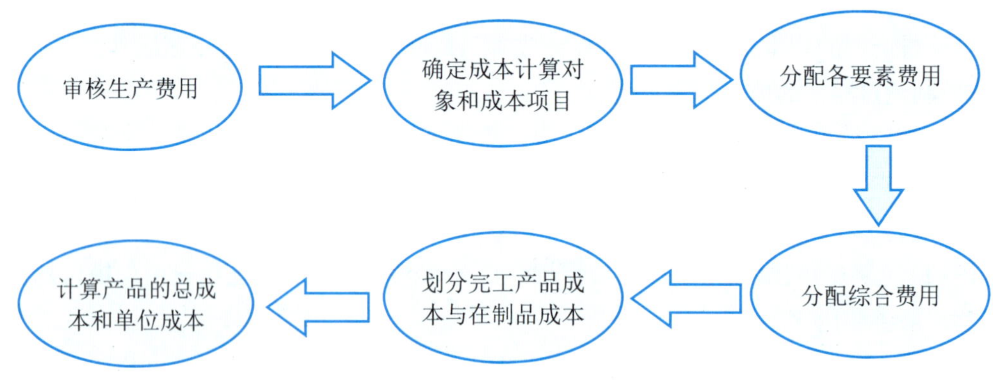

图 7-1　成本核算的步骤

1. 审核生产费用

根据国家及有关部门的规定，企业应严格审核发生的各项生产费用支出，检查其是否符合规定的费用支出标准，并确保没有贪污、浪费的现象。

2. 确定成本计算对象和成本项目

企业的生产类型不同，其对成本管理的要求不同，成本计算对象和成本项目也就有所不同。企业应根据生产类型和自身对成本管理的要求，确定成本计算对象和成本项目，并据此开设生产成本明细账。

3. 分配各要素费用

企业先汇总发生的各要素费用，然后编制各要素费用分配表，最后按照各要素费用的用途记入相关的生产成本明细账。

4. 分配综合费用

在月末，企业要对记入“制造费用”“生产成本——辅助生产成本”“废品损失”等账户的综合费用进行分配，并将其记入“生产成本——基本生产成本”及有关的生产成本明细账中。

5. 划分完工产品成本与在制品成本

企业通过分配各要素费用、综合费用及所发生的各种生产成本，将所发生的各项生产费用记录在“生产成本——基本生产成本”账目及有关的生产成本明细账中。在没有在制品的情况下，生产成本明细账所归集的生产费用即完工产品（产成品）总成本；在有在制品的情况下，就需要将生产成本明细账所归集的生产费用，按照一定的方法在完工产品和在制品之间划分，从而计算出完工产品成本和在制品成本。

6. 计算产品的总成本和单位成本

企业选择合适的成本核算方法，计算产品的总成本和单位成本。

（二）成本核算的方法

1. 品种法

品种法是指以产品品种作为成本核算对象，通过设置生产成本明细账来归集生产费用并计算产品成本的一种方法。品种法主要适用于大批量、单步骤生产或不需要划分生产步骤的企业，如供电、供水、采掘类企业。

品种法

2. 分类法

分类法是指以产品类别作为成本核算对象，通过设置生产成本明细账来归集生产费用并计算产品成本的一种方法。分类法主要适用于产品品种、规格繁多，且可以按照一定的标准分类生产产品的企业，如制衣厂、轧钢厂。

3. 分批法

分批法是指以客户的订单及企业组织的生产批次作为成本核算对象，进而归集生产费用并计算产品成本的一种方法。分批法主要适用于单件或小批量生产产品的企业，如重型机床制造企业、船舶制造企业、精密仪器制造企业等。

4. 分步法

分步法是以产品生产阶段或步骤作为成本核算对象，通过设置生产成本明细账来归集生产费用并计算产品成本的一种方法。分步法主要适用于大批量、多步骤生产产品的企业，如冶金企业、纺织企业、酿酒企业、水泥制造企业等。

5. ABC 成本法

ABC 成本法又称“作业成本分析法”“作业成本核算法”。它是以“作业”作为费用归集和分配的对象，进而计算产品成本的一种方法。ABC 成本法主要适用于以下企业：小批量生产产品，制造费用占产品成本的比重较大；生产经营的环节较多且易辨认；产品种类繁多。

管理贴士

作业是指需要进行操作并消耗资源的流程或程序。作业贯穿产品生产经营的全过程，从产品设计、原料采购、生产加工，直至产品的销售。在这一过程中，每个环节、每道工序都可以视为一项作业。

三、成本控制的途径

企业可以从采购、生产、销售、财务等方面控制成本。

（一）采购领域的成本控制

一般来说，采购部门要根据企业的生产计划采购，企业的生产计划要根据销售计划制订。这样环环相扣，只要销售计划不出现大的偏差，采购计划大体上就是合理的。企业实施采购领域的成本控制时，要做到以下几点。

（1）利用科学的决策分析方法，决定采购项目、经济订货批量（通过平衡采购成本和仓储成本，以实现总库存成本最低的最佳订货量）、采购时间，并选择合适的供应商。

（2）完善直供制，逐步取消中间供应商。

（3）建立采购责任制，强化采购人员、审价人员的责任意识内。

（4）探索采购奖罚制度。例如，员工在降低采购成本、优化采购流程等方面为企业做出贡献，企业可对其表示嘉奖；员工收受回扣、未经授权擅自更改采购合同，给企业造成了一定的损失，企业可对其进行严厉的处罚。

（二）生产领域的成本控制

企业实施生产领域的成本控制时，要做到以下几点。

（1）优化工作流程。梳理从原材料采购到为客户提供最终产品或服务的全部工作流程，合理确定原材料、辅助材料、燃料等物资费用的定额；保存产量、质量、原材料消耗、工时考勤和设备使用的原始记录，为财务统计部门提供有效、系统、准确的信息。

（2）提高设备的利用程度。合理组织安排生产，避免设备闲置；加强设备的维修与保养，提高设备的完好率。

（3）准确计算取货成本、储存成本、缺货成本，把库存量控制在合理的范围内。

（4）控制人员成本。优化岗位设置，明确岗位的职责和要求，提高工作效率，降低管理成本。

（5）控制质量成本。建立质量管理体系，明确工作标准和要求，降低废品损失率，减少返工时间，从而降低生产运营总成本。

（三）销售领域的成本控制

企业实施销售领域的成本控制时，要做到以下几点。

（1）控制销售成本。企业扩大销售规模，销售成本通常也随之增加。销售部门在扩大销售成果、提高市场占有率的同时，要提高销售费用的使用效率，控制销售成本。

（2）降低物流成本。企业可以通过提高装载率及合理安排配车计划来确定最佳的运送手段，降低配送成本。

（四）财务领域的成本控制

企业实施财务领域的成本控制时，要做到以下几点。

（1）制订明确的成本控制目标。企业应该根据自身的经营情况和财务状况，制订明确的成本控制目标。这些目标应该具体、可衡量，并且可以分配到各个部门和岗位。

（2）加强预算管理。企业应该制订详细的预算计划，对各项成本进行预测。

（3）建立成本核算体系。企业应该建立科学的成本核算体系，对各项成本进行准确的记录和核算。这有助于企业及时发现成本异常和材料浪费情况，进而采取相应的改进措施。

（4）定期进行财务审计。企业应该定期进行财务审计，审核和评估财务报表与成本数据。这有助于企业发现财务漏洞和违规行为，及时采取纠正措施。

课堂讨论

除了上述途径，企业还可以从哪些方面控制成本？

四、成本控制的方法

为了尽量将成本控制在预期的范围内，企业在日常生产经营活动中可以采用一定的方法规划成本的各个要素。常见的成本控制方法有标准成本控制法、相对成本控制法、目标成本控制法。

（一）标准成本控制法

标准成本控制法是一种以事先制订的标准成本为基础，通过对比实际成本与标准成本，核算二者的差异，分析产生差异的原因，进而实施控制和改进措施的方法。

案例拓展

某企业计划生产一种产品，该产品的直接材料成本是主要成本。为了控制直接材料成本，该企业采用了标准成本控制法，具体步骤如下。

（1）确定直接材料的标准成本。企业先根据行业数据、历史数据和工艺要求，确定该产品所需的直接材料的数量和价格标准；再考虑企业实际的生产能力、设备状况、员工技能等因素，确定直接材料的标准成本。

（2）记录实际消耗量。在生产过程中，企业记录实际消耗的直接材料的数量和价格。

（3）计算差异。将实际消耗的直接材料成本与标准成本进行对比，找出差异。差异包括有利差异和不利差异两种。有利差异是指实际成本低于标准成本，表示成本控制得当；不利差异是指实际成本高于标准成本，表示成本控制不当。

（4）分析原因。对于不利差异，企业需要深入分析原因，可能导致不利差异的因素有材料用量超标、材料价格不合理和其他生产过程中的浪费现象。

（5）采取措施。企业根据分析的原因，采取相应的措施来控制直接材料成本。例如，加强直接材料的采购管理、优化生产工艺、提高生产效率等。

（二）相对成本控制法

相对成本控制法是指企业为了增加利润，从产量、成本和收入三者的关系着手控制成本的方法。具体地说，一方面，企业要“节流”，控制日常成本，节约开支；另一方面，企业要“开源”，找出成本较低、利润较高的最适销量，作为企业做出经营决策的依据，从而实现利润最大化。

此外，企业也可以把技术管理与经济效益有机地结合起来，通过尝试改进现有产品、采用先进的设备和工艺，寻找既能提高产品功能、又能降低成本的方法。

（三）目标成本控制法

目标成本控制法是指企业参照行业平均成本设定目标成本，管理单件或小批量生产的产品的利润和成本的方法。企业要先确定客户愿意为产品支付的价格，然后结合自身期望的利润水平，确定产品的生产和运营流程及成本控制措施。

任务实施

2～4 人一组，选择一家新能源汽车企业，利用互联网搜集相关资料，分析该企业成本控制的途径和方法，以及成本控制对新能源汽车发展的意义。

任务四　了解现代企业利润管理

任务导入

美的集团的股利分配

2022 年，美的集团获得营业收入 3 457.09 亿元、净利润 295.54 亿元，业绩创下新高。

业绩大涨之下，美的集团大方地向股东分红。2023 年 5 月 25 日，美的集团发布的 2022 年年度利润分配实施公告显示，公司按每 10 股派发现金 25 元（含税）向全体股东分红，分红总额达 171.88 亿元。据统计，从 2013 年开始，美的集团已连续 10 年向股东分红，前 9 次累计分红 695.13 亿元，加上最新的分红方案，美的集团 10 年间的分红总额高达 867 亿元。

（资料来源：李聪，《美的集团分红 172 亿元》，《长江商报》，2023 年 5 月 26 日）

【思考题】

1. 美的集团的股利分配政策有什么特点？
2. 结合美的集团的股利分配情况，简单分析其生产经营水平。

一、利润的构成

利润基础知识

利润是指企业在一定时期的经营成果，是评价企业生产经营水平的综合性指标，反映了企业的偿债能力和盈利水平。

企业利润包括营业利润、利润总额和净利润三部分。其计算公式分别为

营业利润 = 营业收入 - 营业成本 - 营业税金及附加 - 销售费用 - 管理费用 - 财务费用 - 资产减值损失 + 公允价值变动收益（- 公允价值变动损失）+ 投资收益（-投资损失）

利润总额 = 营业利润 + 营业外收入 - 营业外支出

净利润 = 利润总额 - 所得税费用

二、利润的分配

根据相关法律制度的规定，企业应按照以下顺序分配税后利润（净利润）。

（一）弥补以前年度的亏损

企业在提取法定盈余公积金之前，应先用当年利润弥补亏损。企业的年度亏损可以用下年度的税前利润弥补，下年度的税前利润不足以弥补的，可以在五年之内用税前利润连续弥补。

（二）提取法定盈余公积金

企业分配当年税后利润时，应当提取当年税后利润（弥补亏损后）的10%列入其法定盈余公积金。法定盈余公积金的累积额达企业注册资本的50%时可以不再提取。法定盈余公积金可用于弥补亏损，扩大企业的生产经营规模或转增资本，但企业用法定盈余公积金转增资本后，法定盈余公积金的余额不得低于转增资本前企业注册资本的25%。

（三）提取任意盈余公积金

企业从税后利润中提取法定盈余公积金后，经股东大会决议，还可以从税后利润中提取任意盈余公积金。提取任意盈余公积金是为了满足企业经营管理的需要，控制向投资者分配的利润额，以及调整各年度利润分配额的波动。

（四）向股东分配股利

企业弥补亏损和提取公积金后所剩余的税后利润，可以作为企业向股东（投资者）分配的股利（利润）。其中，股份有限公司按照股东持有的股份比例分配股利，但股份有限公司章程规定不按照持股比例分配的除外；有限责任公司股东按照实缴的出资比例分配利润，但全体股东约定不按照出资比例分配利润的除外。

课堂讨论

企业未弥补亏损就进行了分红（分配利润），这一行为损害了谁的利益？

三、股利政策

股利政策是指股份制企业确定股利及与股利有关的事项时，所采取的策略。其核心是确定股利支付比率，股利分派的时间、方式、程序等。目前，股份制企业采用的股利政策主要有以下四种。

（一）剩余股利政策

剩余股利政策是指只有在企业的税后利润满足营利性投资项目的资金需要且有剩余的条件下，企业才能将剩余部分作为股利进行分配的策略。

（二）固定股利额政策

固定股利额政策是指企业将每年发放的每股股利数额固定在一个水平上的策略。只有当企业预测未来的盈利会增加且足以使股利数额维持在更高的水平时，其才会提高年度股利发放额。

企业采用这一政策的目的是避免因经营不善而削减股利发放额，使股东不满。如果企业的盈利减少，股利并未减少，股东会认为企业未来的经营情况会好转。因此，这一政策被广泛地采用。

（三）固定股利支付率政策

固定股利支付率政策是指企业从其收益中提取固定的份额作为股利发放给股东的策略。采用这一策略时，企业每年发放的股利会随着企业收益的变动而变动。在企业获得较多收益的年份，股利额高；在企业获得较少收益的年份，股利额低。

固定股利支付率政策体现了多盈多分、少盈少分、无盈不分的分配原则。但是，在这种政策下，各年的股利额变动较大，极易给股东留下企业不稳定的印象，不利于维持股票价格的稳定。

（四）正常股利加额外股利政策

正常股利加额外股利政策是指企业每年只支付数额较低的正常股利，只有在企业的税后利润大幅增长时才向股东发放额外股利的政策。这一政策在维持既定股利发放水平的同时给企业较大的操作空间，较适合各年收益增长幅度变化较大的企业。

这种政策对企业和股东都有利，但也有一定的弊端。一是额外股利可有可无、可多可少，会对企业的形象造成一定程度的影响；二是额外股利会助长股东的高股利欲望，一旦连续几年不发放额外股利，可能会动摇股东对企业的信心。

任务实施

两人一组，解决以下利润管理问题。

某公司成立于2021年1月1日。2021年度公司获得净利润1 000万元，分配现金股利550万元，提取盈余公积450万元（所提盈余公积均已指定用途）。2022年度公司获得净利润900万元（不考虑计提法定盈余公积的因素）。2023年公司计划增加投资，所需资金为700万元。假定公司的目标资本结构为自有资金占60%，借入资金占40%。

（1）在保持目标资本结构的前提下，计算2023年投资方案所需的自有资金金额和需要从外部借入的资金金额。

（2）在保持目标资本结构的前提下，如果公司执行剩余股利政策，计算2022年度应分配的现金股利。

（3）在不考虑目标资本结构的前提下，如果公司执行固定股利额政策，计算2022年应分配的现金股利、可用于2023年投资的留存收益和需要额外筹集的资金金额。

（4）在不考虑目标资本结构的前提下，如果公司执行固定股利支付率政策，计算该公司的股利支付率和2022年度应分配的现金股利。

任务五　分析现代企业财务报表

任务导入

某田股份泡沫的破灭

某田股份是一家以养殖、旅游和饮料生产为主营业务的上市公司。它在1996年上市，总资产规模从上市前的2.66亿元增长到2000年末的28.38亿元。历年的每股收益都在0.60元以上，最高达到1.15元。即使在遭遇严重的自然灾害的年份，该公司的每股收益也达到了不可思议的0.81元，被视为中国农业企业的传奇。

2001年，刘某运用国际通用的财务分析方法，对这家公司的财务报告进行分析，发现其财务状况存在严重的问题。该公司没有净收入来源，不能创造足够的现金流量以维持正常的经营活动；该公司的偿债能力很弱，资产扣除各项成本和费用后所剩无几，不能保证按时偿还贷款本息，已经成为一个空壳，完全依靠银行贷款维持生存。她在《金融内参》上刊登了600字的短文，揭露了该公司的业绩真相，某田股份泡沫随之破灭。

（资料来源：刘忠岭，《××神话破灭的启示》，《理财》，2010年06期）

【思考题】

1. 某田股份泡沫破灭的原因是什么？
2. 结合上述资料，谈一谈财务分析的意义。

一、财务分析的意义

财务分析是根据企业财务报表等信息资料，采用专门的方法，系统地分析和评价企业的财务状况、经营成果及未来发展趋势的过程。财务分析是财务管理的基础工作，做好财务分析工作具有以下重要意义。

（一）为企业实施财务决策提供依据

通过财务分析，企业可以了解投资后的风险和收益情况，可以分析过去、评价现在、预测未来，为做出正确的投资决策提供可靠依据，以减少不必要的损失。

（二）评价企业的财务状况和衡量企业的经营业绩

通过财务分析，企业可以了解自身的偿债能力、营运能力、盈利能力和发展能力，以及自身的财务状况和经营成果。此外，企业通过财务分析，可以将影响财务状况和经营成果的主观因素与客观因素、微观因素与宏观因素区分开，便于划清经济责任，合理评价组织成员的工作业绩。

二、财务分析的信息来源

财务分析的信息来源是财务报表，主要包括资产负债表、利润表和现金流量表。

（一）资产负债表

资产负债表是反映企业在某一特定日期的财务状况的报表。资产负债表是根据“资产 = 负债 + 所有者权益”会计平衡式编制而成的。该报表分为左右项目总额相等的两方，左方列示资产项目，右方列示负债和所有者权益项目，各项目按其流动性（变现能力）由强到弱排列，如表 7-3 所示。

表 7-3 资产负债表（简表）

编制单位：甲公司　　2023 年 12 月 31 日　　单位：万元

资产	期末余额	上年年末余额	负债和所有者权益	期末余额	上年年末余额
流动资产：			流动负债：		
货币资金			短期借款		
交易性金融资产			应付账款		
应收账款			预收款项		
预付账款			其他应付款		
存货			流动负债合计		
其他流动资产			非流动负债：		
流动资产合计			长期借款		
非流动资产：			非流动负债合计		
债权投资			负债合计		

（续表）

资产	期末余额	上年年末余额	负债和所有者权益	期末余额	上年年末余额
固定资产			所有者权益：		
无形资产			实收资本（股本）		
非流动资产合计			盈余公积		
			未分配利润		
			所有者权益合计		
资产总计			负债及所有者权益总计		

（二）利润表

利润表是反映企业在一定会计期间的经营成果的报表。利润表是根据“收入 - 费用 = 利润”会计等式编制而成的，如表 7-4 所示。其将一定时期内的营业收入与相关的营业费用进行配比，以计算出企业在一定时期内的净利润。

利润表基础知识

表 7-4　利润表（简表）

编制单位：甲公司　　2023 年 12 月　　单位：万元

项目	本年金额	上年金额
一、营业收入		
减：营业成本		
税金及附加		
销售费用		
管理费用		
财务费用		
加：投资收益		
二、营业利润		
加：营业外收入		
减：营业外支出		
三、利润总额		
减：所得税费用		
四、净利润		

（三）现金流量表

现金流量表是反映企业在一定会计期间内的现金与现金等价物（以下简称“现金”）

流入和流出情况的报表。它是根据“现金流入量－现金流出量＝现金净流量”会计等式编制而成的。现金流量表不仅可以揭示影响企业现金流量的因素，还能为分析企业的偿债能力、现金周转能力、未来获取现金的能力等提供依据。

现金流量表的报表项目是按照经营活动、投资活动和筹资活动的现金流量分类、分项列示，如表 7-5 所示。

表 7-5　现金流量表（简表）

编制单位：甲公司　　2023 年 12 月　　单位：万元

项目	行次	金额
一、经营活动产生的现金流量		
现金流入量小计		
现金流出量小计		
经营活动产生的现金流量净额		
二、投资活动产生的现金流量		
现金流入量小计		
现金流出量小计		
投资活动产生的现金流量净额		
三、筹资活动产生的现金流量		
现金流入量小计		
现金流出量小计		
筹资活动产生的现金流量净额		
四、汇率变动对现金的影响额		
五、现金及现金等价物净增加额		

三、财务分析的内容

财务分析的内容包括偿债能力、营运能力、盈利能力和发展能力。

（一）偿债能力分析

偿债能力是指企业偿还各种到期债务的能力，可分为短期偿债能力和长期偿债能力。偿债能力分析是通过计算、分析偿债能力指标来判断企业是否具有偿还到期债务的能力及偿债能力的强弱。

短期偿债能力是指企业的流动资产对流动负债及时、足额偿还的保证程度，是衡量流动资产变现能力的重要指标。衡量和评价企业短期偿债能力的指标主要有流动比率、速动比率和现金流动负债比率。

长期偿债能力是指企业对债务的承担能力和对偿还债务的保障能力。衡量和评价企业长期偿债能力的指标主要有资产负债率、产权比率和利息保障倍数。

1．流动比率

流动比率是企业流动资产与流动负债的比率。它表明企业的每1元流动负债有多少流动资产作为偿还保障。其计算公式为

$$流动比率=\frac{流动资产}{流动负债}$$

一般来说，流动比率越高，表明企业的短期偿债能力越强，债权人的权益就越有保证。如果流动比率过低，则表明企业难以如期偿还到期债务。

对企业自身而言，流动比率也不能过高。过高的流动比率可能意味着企业的资金过多地滞留在流动资产项目，从而导致企业错过获利机会，还可能意味着应收账款金额过大或产品滞压，从而导致资金的使用效率较低。因此，企业需要结合流动资产的结构与周转情况、流动负债的数量与结构等分析流动比率。

2．速动比率

速动比率是企业速动资产与流动负债的比率。它表明企业的每1元流动负债有多少速动资产作为偿还保障。其计算公式为

$$速动比率=\frac{速动资产}{流动负债}$$

式中，速动资产是指流动资产减去变现能力较差且不稳定的存货、预付账款、一年内到期的非流动资产和其他流动资产后的余额。其计算公式为

速动资产 = 货币资金 + 交易性金融资产 + 应收账款 + 应收票据 + 其他应收款

= 流动资产 − 存货 − 预付账款 − 一年内到期的非流动资产 − 其他流动资产

管理贴士

交易性金融资产是企业打算通过积极管理和交易以获取利润的债权证券和权益证券。企业通常会频繁地买卖这类证券，以期在短期价格变化中获取利润。一般来说，持有期为一年期以内的股票、债券、期货等被列为交易性金融资产，持有期为一年期以上的股票、债券等被列为长期股权投资。

因为速动资产剔除了存货等变现能力较差的资产，所以速动比率能更准确、可靠地评价企业资产的流动性和企业偿还短期债务的能力。

一般来说，速动比率越高，表明企业偿还流动负债的能力越强。如果速动比率过低，则表明企业可能面临偿债风险。但该指标不是越高越好，速动比率过高，企业会因占用现金及应收账款过多而增加机会成本。财务分析专家通常认为，存货占流动资产的

一半左右比较合理，在这种情况下剔除存货影响的速动比率应保持在 1 左右。

课堂讨论

如果企业的速动比率比较低，但存货流转顺畅，企业有望偿还到期的债务本息吗？

3．现金流动负债比率

现金流动负债比率是企业在一定时期的经营活动产生的现金净流量与流动负债的比率。它表明企业本期经营活动所产生的现金净流量可以抵付流动负债的倍数，反映了企业在经营活动中获得现金、偿还流动债务的能力。其计算公式为

$$现金流动负债比率=\frac{经营活动产生的现金净流量}{流动负债}$$

式中，经营活动产生的现金净流量是指一定时期内，企业经营活动所产生的现金及现金等价物流入量与流出量的差额。

现金流动负债比率越大，表明企业经营活动产生的现金净流量越多，越能保证企业可以按期偿还到期债务。但该指标值并不是越大越好，该指标值过大，则表明企业的流动资金利用不充分、盈利能力不强。一般来说，企业的流动负债有可靠的偿还保障，现金流动负债比率应大于 1。

4．资产负债率

资产负债率是企业负债总额与资产总额的比率。它表明在企业资产总额中债权人提供的资金所占的比重，以及企业资产对债权人权益的保障程度。其计算公式为

$$资产负债率=\frac{负债总额}{资产总额}\times 100\%$$

式中，负债总额由流动负债和长期负债构成，资产总额包括流动资产、固定资产、长期投资、无形资产、递延资产和其他资产。

管理贴士

递延资产是指不能全部计入当年损益，应在以后较长时期摊销的除固定资产和无形资产以外的其他费用支出，包括开办费、租入固定资产的改良支出，以及摊销期在一年以上的长期待摊费用等。

一般来说，资产负债率越低，表明企业资产中债权人提供的资金越少、所有者投入的资金越多，即企业的长期偿债能力越强；资产负债率越高，表明企业的长期偿债能力越差。如果资产负债率大于 100%，则表明企业已资不抵债，可能面临破产的风险。

5. 产权比率

产权比率又称“资本负债率”，是企业负债总额与所有者权益总额的比率，反映了企业所有者权益对债权人权益的保障程度。其计算公式为

$$产权比率=\frac{负债总额}{所有者权益总额}\times 100\%$$

一般来说，当产权比率较高时，企业的财务结构表现出高风险、高报酬的特征；当产权比率较低时，企业的财务结构表现出低风险、低报酬的特征。

产权比率与资产负债率都是评价偿债能力的指标，两者的主要区别是资产负债率侧重于分析债务偿付的物质保障程度，产权比率侧重于揭示财务结构的稳健程度及企业对偿债风险的承受能力。

6. 利息保障倍数

利息保障倍数又称“已获利息倍数”，是企业息税前利润总额与利息支出的比率，反映了企业的盈利能力对债务偿付的保证程度。其计算公式为

$$利息保障倍数=\frac{息税前利润总额}{利息支出}$$

式中，息税前利润总额是指利润总额与利息支出的合计数，利息支出是指实际支出的借款利息、债券利息等。息税前利润总额的计算公式为

$$息税前利润总额=利润总额+利息支出=净利润+所得税+利息支出$$

利息保障倍数越小，表明利息支付缺乏保障，企业归还本金就比较困难。一般来说，企业要维持正常的偿债能力，利息保障倍数应大于1。

（二）营运能力分析

营运能力是指企业对有限的资源的配置和利用能力，即企业资金的周转能力。企业资金周转状况的好坏，既是企业采购、生产和销售等各方面活动的结果，也是企业生产经营效率、经济实力的直接反映。

衡量和评价企业营运能力的指标主要包括应收账款周转率、存货周转率、流动资产周转率、固定资产周转率和总资产周转率。

1. 应收账款周转率

应收账款周转率是企业在一定时期内的营业收入与应收账款平均余额的比率，反映了企业应收账款的周转速度。其计算公式为

$$应收账款周转率=\frac{营业收入}{应收账款平均余额}$$

$$应收账款平均余额=\frac{期初应收账款余额+期末应收账款余额}{2}$$

为了简化计算工作，一年的天数通常用360天来表示。应收账款周转期的计算公式为

$$应收账款周转期=\frac{360}{应收账款周转率}$$

应收账款周转率是评价企业应收账款的变现能力和管理效率的财务指标。在一定时期内，应收账款周转率越高，周转期越短，说明企业催收账款的速度越快，造成坏账损失的风险越小；应收账款周转率越低，周转期越长，说明企业催收账款的速度越慢，造成坏账损失的风险越大。

2．存货周转率

存货周转率是企业在一定时期内的营业成本与存货平均余额的比率，反映了企业存货的周转速度。企业存货的周转速度，不仅能够反映企业采购、储存、生产、销售等各环节的运营效率，而且能够对企业的偿债能力和盈利能力产生决定性影响。

存货周转率的计算公式为

$$存货周转率=\frac{营业成本}{存货平均余额}$$

$$存货平均余额=\frac{期初存货余额+期末存货余额}{2}$$

存货周转期的计算公式为

$$存货周转期=\frac{360}{存货周转率}$$

在一定时期内，存货周转率越高，周转期越短，表明存货变现的速度越快，资金的占用水平越低，存货积压的风险也相对较低。但存货周转率并非越高越好，过高的存货周转率表明企业的存货管理存在问题。例如，企业单批次的采购量过小，采购频繁，导致采购成本增加。

3．流动资产周转率

流动资产周转率是企业在一定时期内的营业收入与流动资产平均余额的比率，反映了企业流动资产的周转速度。其计算公式为

$$流动资产周转率=\frac{营业收入}{流动资产平均总额}$$

$$流动资产平均余额=\frac{流动资产期初数+流动资产期末数}{2}$$

流动资产周转期的计算公式为

$$流动资产周转期=\frac{360}{流动资产周转率}$$

在一定时期内，流动资产周转率越高，周转期越短，表明流动资产的利用效果越好。

4．固定资产周转率

固定资产周转率是企业在一定时期内的营业收入与平均固定资产净值的比率，反映

了企业固定资产的周转情况。其计算公式为

$$固定资产周转率=\frac{营业收入}{平均固定资产净值}$$

$$平均固定资产净值=\frac{期初固定资产净值+期末固定资产净值}{2}$$

固定资产周转期的计算公式为

$$固定资产周转期=\frac{360}{固定资产周转率}$$

一定时期内，固定资产周转率越高，周转期越短，表明企业的固定资产投资得当，利用效率较高；固定资产周转率越低，周转期越长，表明企业的固定资产利用效率不高，企业的营运能力不强。

需要注意的是，企业采用的折旧方法不同，计算出来的固定资产周转率也不同。企业在使用固定资产周转率指标时，需要考虑计提折旧固定资产的净值减少、更新重置造成固定资产的净值增加的影响。

5. 总资产周转率

总资产周转率是企业在一定时期内的营业收入与总资产平均余额（又称“平均资产总额”）的比率，反映了企业对自身拥有的全部资产的有效利用程度。其计算公式为

$$总资产周转率=\frac{营业收入}{总资产平均余额}$$

$$总资产平均余额=\frac{总资产期初余额+总资产期末余额}{2}$$

总资产周转期的计算公式为

$$总资产周转期=\frac{360}{总资产周转率}$$

一定时期内，总资产周转率越高，周转期越短，表明企业的资产周转速度越快，资产运营效率越高；总资产周转率越低，周转期越长，表明企业的资产营运效率越低。

（三）盈利能力分析

盈利能力是指企业获取利润、实现资本增值的能力。衡量企业盈利能力的指标主要有营业利润率、成本费用利润率、净资产收益率和总资产收益率。

1. 营业利润率

营业利润率是指企业的营业利润与营业收入的比率，其计算公式为

$$营业利润率=\frac{营业利润}{营业收入}\times 100\%$$

营业利润率越高，表明企业的盈利能力越强，市场竞争力越强，发展潜力越大。

知识视窗

营业收入包括主营业务收入和其他业务收入。其中，主营业务收入包括商品销售收入和提供劳务收入等。在实务中，企业经常使用营业毛利率、营业净利率等指标来分析企业经营业务的获利水平。

营业毛利率是企业的营业毛利额与主营业务收入的比率，其计算公式为

$$营业毛利率=营业毛利额/主营业务收入\times 100\%$$

营业净利率是企业的净利润与营业收入的比率，其计算公式为

$$营业净利率=净利润/营业收入\times 100\%$$

2．成本费用利润率

成本费用利润率是企业的利润总额与成本费用总额的比率，其计算公式为

$$成本费用利润率=\frac{利润总额}{成本费用总额}\times 100\%$$

成本费用利润率越高，表明企业为取得利润而付出的代价越小，企业对成本费用控制得越好，企业的盈利能力越强。

3．净资产收益率

净资产收益率又称“所有者权益收益率”，是企业在一定时期内的净利润与净资产平均余额的比率。其计算公式为

$$净资产收益率=\frac{净利润}{净资产平均余额}\times 100\%$$

$$净资产平均余额=\frac{期初所有者权益+期末所有者权益}{2}$$

净资产收益率是衡量企业盈利能力指标的核心指标。一定时期内，净资产收益率越高，企业利用自有资本的效率越高，盈利能力越强，对企业投资人和债权人的权益的保障程度越高。

4．总资产收益率

总资产收益率是企业在一定时期内获得的息税前利润总额与总资产平均余额的比率，其计算公式为

$$总资产收益率=\frac{息税前利润总额}{总资产平均余额}\times 100\%$$

一定时期内，总资产收益率越高，表明资产的利用效果越好，企业的盈利能力越强，经营管理水平越高。企业还可以将总资产收益率与借债利率进行比较，如果前者较大，说明企业可以利用财务杠杆，适当举债经营，以获得更多的收益。

（四）发展能力分析

发展能力是指企业扩大规模、壮大实力的潜在能力。衡量和评价企业发展能力的指标主要有营业收入增长率、总资产增长率、营业利润增长率、资本保值增值率和资本积累率。

1. 营业收入增长率

营业收入增长率是企业本期营业收入增长额与上期营业收入总额的比率，反映了企业营业收入的增减变动情况。其计算公式为

$$营业收入增长率=\frac{本期营业收入增长额}{上期营业收入总额}\times 100\%$$

$$本期营业收入增长额=本期营业收入总额-上期营业收入总额$$

营业收入增长率是衡量企业的发展能力的重要指标。若该指标大于0，表明企业本期的营业收入有所增长，指标越大，表明增长速度越快，企业的市场前景越好；若该指标小于0，则表明企业的产品或服务质次价高，或是在售后服务等方面存在问题，该企业的市场份额减少。

企业在使用营业收入增长率指标预测企业的发展能力时，应结合企业历年的营业收入水平、企业的市场占有情况、行业未来发展趋势，以及其他影响企业发展的潜在因素，或者结合企业前三年的营业收入增长率做出趋势分析。

2. 总资产增长率

总资产增长率是企业本期总资产增长额与期初资产总额的比率，反映了企业本期资产规模的增长情况。其计算公式为

$$总资产增长率=\frac{本期总资产增长额}{期初资产总额}\times 100\%$$

$$本期总资产增长额=期末资产总额-期初资产总额$$

总资产增长率从企业的资产总量扩张方面衡量企业的发展能力，表明企业资产规模的增长水平对企业发展的影响。该指标越高，表明在一定时期内企业资产规模扩张的速度越快。实际分析时，企业需要综合考虑资产规模扩张的“质”和“量”，以及其后续发展能力，避免盲目扩张。

3. 营业利润增长率

营业利润增长率是企业本期营业利润增长额与上期营业利润总额的比率，反映了企业营业利润的增减变动情况。其计算公式为

$$营业利润增长率=\frac{本期营业利润增长额}{上期营业利润总额}\times 100\%$$

$$本期营业利润增长额=本期营业利润总额-上期营业利润总额$$

一定时期内，营业利润增长率越大，说明企业的营业利润增长得越快。实际分析

时，企业应将营业利润增长率和营业收入增长率结合起来，如果它们同时增长，则表明企业的盈利能力强，发展潜力大。

4. 资本保值增值率

资本保值增值率是期末所有者权益与期初所有者权益的比率，反映了所有者权益的实际增减变动情况。其计算公式为

$$资本保值增值率=\frac{期末所有者权益}{期初所有者权益}\times 100\%$$

一般认为，资本保值增值率越高，企业资本的保全状况越好，所有者权益增长越快，债权人的债务越有保障。

5. 资本积累率

资本积累率又称“所有者权益增长率”“净资产增长率”，是企业本期所有者权益增长额与期初所有者权益的比率。其计算公式为

$$资本积累率=\frac{本期所有者权益增长额}{期初所有者权益}\times 100\%$$

$$本期所有者权益增长额=期末所有者权益-期初所有者权益$$

$$资本积累率=资本保值增值率-1$$

资本积累率是企业当期所有者权益总的增长率，反映了所有者权益在当年的变动情况，体现了企业净资本的积累情况。

资本积累率越高，表明企业的资本积累得越多，企业的抗风险能力越强。一般来说，企业的资本积累率应大于0，若该指标小于0，表明企业的资本受到侵蚀，所有者权益受到损害，此时企业应对此予以充分的重视，查找原因，并解决问题。

四、财务综合分析的方法

财务分析的最终目的在于全方位地了解企业的经营状况，并据此对企业的经济效益做出系统、合理的评价。单独采用任何一项财务指标或单独分析任何一张财务报表，都难以全面地评价企业的财务状况和经营成果。而财务综合分析就是将企业的偿债能力、营运能力、盈利能力、发展能力等纳入一个分析体系，从而对企业经营效益的好坏做出尽可能准确的评价与判断。目前，应用比较广泛的财务综合分析方法有杜邦分析法和沃尔评分法。

（一）杜邦分析法

杜邦分析法又称“杜邦财务分析体系”，这种分析方法由杜邦公司创立并成功运用而得名。杜邦分析法的基本原理是以净资产收益率为核心，利用各财务指标之间的内在联系，将净资产收益率分解为若干个财务指标，通过分析各指标的变动对净资产收益率的影响，揭示企业的盈利能力及其变动原因。

1. 杜邦分析法中的指标关系

杜邦分析法中的指标关系如图 7-2 所示。

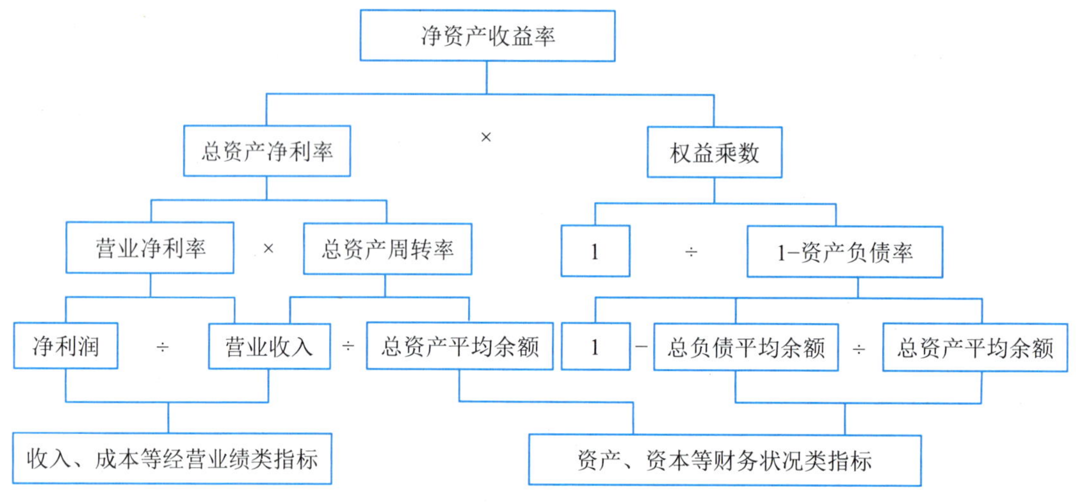

图 7-2　杜邦分析法中的指标关系

2. 杜邦分析法中重要指标的分解

1）净资产收益率

净资产收益率反映企业凭净资产创造净利润的能力，其分解过程如下。

$$\begin{aligned}\text{净资产收益率} &= \frac{\text{净利润}}{\text{净资产平均余额}} \\ &= \frac{\text{净利润}}{\text{总资产平均余额}} \times \frac{\text{总资产平均余额}}{\text{净资产平均余额}} \\ &= \text{总资产净利率} \times \text{权益乘数}\end{aligned}$$

2）总资产净利率

总资产净利率反映企业凭总资产创造净利润的能力，其分解过程如下。

$$\begin{aligned}\text{总资产净利率} &= \frac{\text{净利润}}{\text{总资产平均余额}} \\ &= \frac{\text{净利润}}{\text{营业收入}} \times \frac{\text{营业收入}}{\text{总资产平均余额}} \\ &= \text{营业净利率} \times \text{总资产周转率}\end{aligned}$$

式中，营业净利率是反映企业盈利能力的重要指标，对企业净资产收益率有重要影响。提高营业净利率的主要有两条途径：一是增加营业收入；二是降低成本费用。通过对该指标的进一步分析，企业可以了解自身的收入和费用情况，深入挖掘影响企业盈利能力的具体原因，对症下药。

总资产周转率是反映企业营运能力的重要指标，是企业资产管理水平的重要体现。企业总资产由流动资产和非流动资产组成，各类资产的收益性有较大区别，现金和应收账款几乎没有收益性，非流动资产的收益性较高，所以企业的流动资产和非流动资产应保持合理的结构。

3）权益乘数

权益乘数反映企业的偿债能力和资本结构，其分解过程如下。

$$
\begin{aligned}
权益乘数 &= \frac{总资产平均余额}{净资产平均余额} = \frac{1}{\dfrac{净资产平均余额}{总资产平均余额}} \\
&= \frac{1}{\dfrac{总资产平均余额-总负债平均余额}{总资产平均余额}} \\
&= \frac{1}{1-资产负债率}
\end{aligned}
$$

权益乘数是反映企业偿债能力的重要指标，它对提高净资产收益率起到杠杆作用。权益乘数越高，说明企业运用外部资金赚取额外利润的能力越强。总的来说，适度开展负债经营，合理安排融资结构，可以提高企业的净资产收益率。

（二）沃尔评分法

沃尔评分法又称“综合评分法”，它是选择若干个财务指标，分别给定其在总评分中的分数比重，并通过比较各个财务指标的实际值与标准值，确定各个财务指标的评分及总体指标的综合评分，从而对企业的信用水平与财务状况进行综合评价的方法。

沃尔评分法相关知识

1. 沃尔评分法的雏形

1928 年，亚历山大·沃尔在其出版的《财务报表比率分析》和《信用晴雨表研究》中提出了信用能力指数的概念，并以此来评价企业的信用水平。亚历山大·沃尔先选择了七个财务指标，分别给定各个财务指标在 100 分的总分中所占的分数，即权重；然后确定各个财务指标的标准值，并用各个财务指标的实际值与标准值相除得到的相对值乘以权重，计算出各个财务指标的分值；最后将七个财务指标的分值加总得到企业的综合评分，即信用能力指数，这就是沃尔评分法的雏形。某企业的沃尔综合评分表如表 7-6 所示。

表 7-6　某企业的沃尔综合评分表

财务指标	权重	标准值	实际值	相对值	分值
	①	②	③	④＝③÷②	⑤＝①×④
流动资产/流动负债	25	2.00	1.66	0.83	20.75
负债总额/净资产	25	150.21%	168.93%	1.12	28.00
固定资产/总资产	15	45.36%	53.28%	1.17	17.55
销售成本/存货	10	8.00	9.94	1.24	12.40
销售收入/应收账款	10	6.00	8.61	1.44	14.40
销售收入/固定资产	10	4.00	2.55	0.64	6.40
销售收入/净资产	5	3.00	1.40	0.47	2.35
合计	100	—	—	—	101.85

原始的沃尔评分法为综合评价企业的财务状况提供了一种新的思路，但它在理论上存在一定的缺陷：这种方法未能说明选择这七个财务指标的理由，未能证明各个财务指标的权重的合理性，也未能说明各个财务指标的标准值是如何确定的。

2. 沃尔评分法的发展

尽管原始的沃尔评分法存在着一定的缺陷，但是它在实践中仍被广泛应用并得到改进和发展。在社会发展的不同阶段和不同环境下，人们应用沃尔评分法时所选择的财务指标不断地变化，各个财务指标的权重不断地修正，各个财务指标的标准值不断地调整，但是沃尔评分法的基本思路始终没有改变，其应用的基本步骤也没有发生大的变化。

（1）选择财务指标。由于分析目的不同，分析人员选择的财务指标可能存在差异。在选择财务指标时应注意以下原则：所选择的财务指标要具有全面性，应包括偿债能力、盈利能力、营运能力和发展能力各个方面的指标，这样才能反映企业的综合财务状况；所选择的财务指标要具有代表性，即在众多财务指标中选择那些典型的、重要的指标。

（2）确定各个财务指标的权重。如何将 100 分的总分合理地分配给所选择的各个财务指标，是沃尔评分法中的一个重要环节。分配的标准是依据各个指标的重要程度，越重要的指标被分配的权重越大。

企业应结合自身的经营状况、管理要求、发展趋势，行业特点，以及分析人员的分析目的等具体情况判断各个指标的重要程度。

（3）确定各个财务指标的标准值。财务指标的标准值是判断实际财务指标高低的参照标准。这个参照标准可以是企业的历史水平，可以是竞争企业的水平，也可以是同行业的平均水平等。其中，最常用的是同行业的平均水平。

（4）计算各个财务指标的实际值。利用相关的财务数据计算各个财务指标的实际值。

（5）计算各个财务指标的分值及企业的综合评分。通过比较各个财务指标的实际值与标准值，判断各个财务指标状况的好坏，再结合各个财务指标的权重，计算各个财务指标的分值与企业的综合评分。

（6）进行综合分析。企业的综合评分反映了企业的综合财务状况，一般而言，企业的综合评分越高，表明企业的综合财务状况越好。

企业的综合评分接近100分，表明企业的综合财务状况接近于标准水平；企业的综合评分明显超过100分，表明企业的综合财务状况优于标准水平；企业的综合评分远远低于100分，表明企业的综合财务状况劣于标准水平，应当积极地采取改善措施。

【例 7-1】依据表 7-7 中的数据，应用沃尔评分法分析 2022 年乙公司的综合财务状况。

表 7-7　2022 年乙公司的沃尔综合评分表

财务指标		权重	标准值	实际值	相对值	分值
类别	名称	①	②	③	④ = ③ ÷ ②	⑤ = ① × ④
偿债能力	流动比率	11	1.42	0.99	0.70	7.70
	股东权益比率	11	42.18%	37.29%	0.88	9.68
盈利能力	营业净利率	10	8.73%	5.81%	0.67	6.70
	净资产收益率	14	13.36%	17.72%	1.33	18.62
	盈利现金比率	10	2.02	1.75	0.87	8.70
营运能力	总资产周转率	10	1.02	1.08	1.06	10.60
	应收账款周转率	12	14.38	14.89	1.04	12.48
发展能力	营业收入增长率	12	24.49%	8.50%	0.35	4.20
	资本保值增值率	10	106.38%	119.01%	1.12	11.20
合计		100	—	—	—	89.88

说明：权重是根据分析目的和企业实际情况所设计的水平；标准值是乙公司所属行业的平均水平。

（1）偿债能力情况：2022 年乙公司的流动比率实际值为 0.99，低于标准值；股东权益比率实际值为 37.29%，低于标准值。由此可以看出，2022 年乙公司的偿债能力弱于行业平均水平。

（2）盈利能力情况：2022 年乙公司的营业净利率实际值为 5.81%，低于标准值；净资产收益率实际值为 17.72%，高于标准值；盈利现金比率实际值为 1.75，低于标准值。由此可以看出，2022 年乙公司的营业盈利能力弱于行业平均水平、资本盈利能力强于行业平均水平，从现金流量角度判断 2022 年乙公司的盈利质量劣于行业平均水平。

（3）营运能力情况：2022 年乙公司的总资产周转率实际值为 1.08，略高于标准值；应收账款周转率实际值为 14.89，略高于标准值。由此可以看出，2022 年乙公司的营运能力略强于行业平均水平。

（4）发展能力情况：2022 年乙公司的营业收入增长率实际值为 8.50%，低于标准值；资本保值增值率实际值为 119.01%，高于标准值。由此可以看出，2022 年乙公司的营业增长能力弱于行业平均水平、资本增长能力强于行业平均水平。

（5）乙公司综合财务状况：2022 年乙公司的综合评分为 89.88 分，低于 100 分，表明 2022 年乙公司的综合财务状况劣于行业平均水平，乙公司应积极采取改善措施。从上述分析可以看出，乙公司应提高偿债能力、营业盈利能力和营业增长能力，并从现金流量角度改善企业盈利质量。

任务实施

两人一组，解决以下财务问题。

某上市公司已公布的 2022 年财务报告显示，该公司 2022 年的净资产收益率为 4.8%，较 2021 年大幅降低，引起了市场各方的广泛关注。为此，某财务分析师收集了该公司 2021 年和 2022 年的相关财务指标，具体如表 7-8 所示。

表 7-8　某公司 2021 年和 2022 年的相关财务指标

项目	2021 年	2022 年
营业净利率	12%	8%
总资产周转率	0.6	0.3
权益乘数	1.8	2

（1）计算该公司 2021 年和 2022 年的净资产收益率。

（2）分析该公司 2021 年和 2022 年净资产收益率的差异。

项目实训——帮助 A 公司走出财务困境

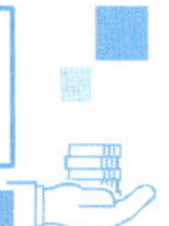

一、实训背景与内容

（接项目六的项目实训）A 公司接连投资失败，导致现金流短缺，生产经营困难。管理者计划通过筹资来获取资本，维持公司的生存与发展。此外，公司一直存在成本费用支出多、利润分配不合理等问题。请帮助 A 公司解决以上财务管理难题，提升其财务管理水平。

二、实训目的

通过本次实训，加深对财务管理知识的理解，提高运用相关理论知识分析、研究、解决财务问题的能力。

三、实训步骤

（1）分组、分工。3～6 人一组，选出组长。组长结合小组成员的特长，确定任务分工。将小组成员及分工情况填入表 7-9 中。

表 7-9　小组成员及分工情况

班级：　　　　组号：　　　　教师：

小组成员	姓名	学号	任务分工
组长			
组员			

（2）筹资管理。为 A 公司筛选合适的筹资渠道和筹资方式。

（3）投资管理。明确投资管理的程序，建立投资管理机制。

（4）成本控制。从不同的角度出发，控制公司的成本，缩减开支。

（5）利润管理。帮助 A 公司制订合适的股利政策。

（6）制作 PPT。将筹资管理、投资管理、成本控制和利润管理等内容以 PPT 的形式展示出来，PPT 页数不少于 15 页。

（7）演讲汇报。以抽签的方式确定汇报顺序，组长上台汇报本组分析结果，教师和其他同学可以提问或发表意见。

（8）各小组互评并打分。

（9）教师点评并打分。

四、实训评价

各小组配合教师完成如表 7-10 所示的实训评价表。

表 7-10　实训评价表

评价指标	评价标准	分值	评价分数		
			自评	互评	师评
综合素质（30%）	具有团队精神，积极与他人合作	5			
	具有创新能力和自主探究学习的意识	5			
	学习态度认真，课堂表现积极	10			
	按时完成实训任务	10			
知识与技能（70%）	掌握财务管理基础知识	10			
	选择的筹资渠道与筹资方式符合实际情况	10			
	建立的投资管理机制全面、具体	10			
	提供的成本控制措施全面且具有可行性	10			
	提供的股利分配政策恰当且具有可行性	10			
	汇报语言流畅、有条理	10			
	PPT 重点突出、详略得当、制作精美、图文并茂	10			
合计		100			
总评	自评（20%）+ 互评（20%）+ 师评（60%）=	学生（签名）：			
		教师（签名）：			

思考与练习

一、单选题

1.（　　）是指企业以获得未来收益为目的，通过投入一定量的货币或实物等资源来经营某项事业的行为。

A．筹资　　B．投资

C．成本控制　　D．利润分配

2．期间费用不包括（　　）。

A．销售费用　　B．制造费用

C．管理费用　　D．财务费用

3.（　　）是指企业从其收益中提取固定的份额作为股利发放给股东的策略。

A．剩余股利政策　　B．固定股利额政策

C．固定股利支付率政策　　D．正常股利加额外股利政策

二、多选题

1．企业常用的筹资方式中，（　　）筹措的资本为权益资本。

A．吸收直接投资　　B．发行债券

C．发行股票　　D．融资租赁

2．企业投资的原则有（　　）。

A．安全性原则　　B．效益性原则

C．流动性原则　　D．整体性原则

3．衡量企业偿债能力的指标有（　　）。

A．流动比率　　B．资产负债率

C．速动比率　　D．总资产周转率

三、判断题

1．企业筹资是为了保障企业日常经营活动的顺利进行，为企业的发展提供资金保障。（　　）

2．营业收入增长率、营业利润增长率和营业利润率指标可以用来衡量企业的发展能力。（　　）

四、简答题

1．简述企业的资本来源。

2．简述利润分配的顺序。

3．简述企业主要的财务报表。

五、案例分析题

将财务分析作为投资决策的重要依据

某企业自创立起，就致力于成为国内领先的商业及服务业运营商。经过多年的发展，该企业逐渐在多个省市拥有了超市、餐厅、便利店等多种业态。该企业计划在当前的产业规模基础上，继续开发综合商业区。

为了推进这一投资项目，领导层要求财务部门制作一份该项目的财务分析报告，作为判断投资项目可行性的重要依据，并于股东大会上进行讨论。报告显示，该企业的流动比率、速动比率和现金流动负债比率缓慢增长，资产负债率、产权比率较低；总资产、流动资产和固定资产的周转率变化不大，存货周转率明显提升，应收账款周转率略

下降；净资产收益率呈下降趋势，营业净利率也有所下降，营业毛利率略上升；营业收入增长率和总资产增长率略上升。

在对比同行业企业的相关数据后，该企业决定在加强自身管理、改善生产经营状况的基础上，通过合理的筹资渠道筹集资金，投资、开发该项目。

（资料来源：俞燕、王莺、李巧玲，《现代企业管理》，人民邮电出版社，2021 年）

思考：

（1）该企业的偿债能力和营运能力如何？

（2）该企业的盈利能力和发展能力如何？

项目八　管理创新
——持续发展，长盛不衰

项目导读

管理创新是企业持续发展的必要途径。管理创新有利于企业积极开辟管理路径，实现其创新发展，从而在激烈的市场竞争中保持领先地位。

本项目主要介绍管理创新的概念、特征、分类，以及管理创新的实施方向和实施过程。

学习目标

知识目标

（1）了解管理创新的概念与特征。

（2）熟悉管理创新的分类。

能力目标

（1）能够为企业提供合理的管理创新思路和建议。

（2）能够根据企业的综合情况，正确地实施管理创新方案。

素养目标

（1）深刻理解管理创新对企业发展的重要意义。

（2）培养发散性、创新性思维，将其融入解决管理问题的全过程。

任务一　了解管理创新的基础知识

任务导入

小米是如何创新的

小米科技有限责任公司（简称“小米”）是一家以智能手机业务、智能硬件业务和物联网平台业务为核心业务的智能制造公司。小米坚持创新与品质并重，不断提升产品质量，给用户带来全新的体验。小米创始人曾在演讲中提到，不创新，公司就没有生存机会。那么，小米是如何进行创新的呢？

在技术领域，从2012年开始，小米推动5G Wi-Fi、NFC、双频GPS、人脸识别技术、大功率高速快充（包括有线快充、无线快充及无线反向充电）等技术的研发和应用，不断提升用户体验。

在手机形态领域，小米率先推出多款全面屏手机。通过优化屏幕比例、采用更先进的屏幕封装技术，小米成功地将更大的屏幕融入更紧凑的手机机身，为用户带来沉浸式的视觉体验。

【思考题】

小米的创新发展带给你哪些启示？

一、管理创新的概念

1912年，经济学家约瑟夫·熊彼特首次从经济学的角度提出了“创新”的概念。他认为创新就是将一种从来没有过的生产要素和生产条件的新组合引入生产体系。约瑟夫·熊彼特进一步指出“创新”的五种情况：引进新产品；采用新技术、新生产方法；开辟新市场；获得原材料的新来源；实现企业组织的新形式。

双钱公司的管理创新

管理创新是企业运用现有的资源和现代科学技术，研究并利用新的生产经营模式，对传统管理模式及相应的管理方法进行的改造和革新。

课堂讨论

结合自身实际，谈一谈关于“创新”的经历。

二、管理创新的特征

（一）创造性

管理创新的原理是结合实际环境，积极地吸取外界的各种思想、观念和知识，突破原有的思维定式和框架，破坏和淘汰旧的经济结构，创造具有新属性的经济结构或新的价值，从而推动企业的发展和进步。

（二）长期性

由于现代企业的内、外部环境不断变化，企业必须不断地进行创新活动。因此，管理创新是一项长期的、持续的、动态的工作过程。一般来说，管理创新活动需要经历较长的时间，才能实现其预期的效果和收益。管理创新的短周期约为三年，长周期包含几个短周期。从短周期到长周期，管理创新的影响逐渐扩大并深入企业的各个层面。

（三）艰巨性

企业目标、企业制度、组织结构、管理方式等方面的创新，涉及相关人员的权力、地位及企业资源的重新配置，这必然会牵涉各个层面的利益，使得企业在设计与实施管理创新的过程中可能遇到诸多麻烦。

（四）风险性

管理创新涉及企业的多个层面和部门，需要投入大量的人力、物力和财力，但这些投入的回报程度往往受到市场环境、政策变化、员工接受度等因素的影响。这种不确定性使管理创新存在着许多风险。企业应建立完善的创新机制，做好市场调研和预测，加强员工培训和沟通，建立风险管理机制，从而尽可能地规避风险。

（五）效益性

管理创新是为了更好地实现企业目标，提高资源配置效率和经营效益。企业通过管理创新，优化运营流程，减少不必要的环节和开销，形成新的管理模式，从而建立起企业效益增长的长效机制。

三、管理创新的分类

从不同的角度出发，管理创新可以划分为不同的类型。

（一）根据影响范围分类

根据影响范围的不同，管理创新分为局部创新和整体创新，具体如表 8-1 所示。

表 8-1　根据影响范围分类

类型	含义
局部创新	指企业在不改变其性质和目标的前提下，改变管理活动中某些内容和要素的性质及其组合方式。例如，引入自动化工具，减少人工操作；优化流程，减少不必要的环节
整体创新	指企业对其战略、组织结构、文化等进行全面创新。例如，传统企业为了向创新型企业转型，强调创新、开放、协作等企业文化，以激发员工的创造力和团队精神

（二）根据战略目标分类

根据战略目标的不同，管理创新分为防御型创新和进攻型创新，具体如表 8-2 所示。

表 8-2　根据战略目标分类

类型	含义
防御型创新	指企业为了避免外部环境变化带来的威胁或避免损失扩大，在内部开展的创新活动
进攻型创新	指企业通过观察外部环境，敏锐地预测市场趋势，发现有利机会，进而主动地调整战略和技术，谋求企业发展

（三）根据组织方式分类

根据组织方式的不同，管理创新分为自发的创新和有组织的创新，具体如表 8-3 所示。

表 8-3　根据组织方式分类

类型	含义
自发的创新	指企业内部人员根据环境变化自发做出的调整。例如，随着市场环境的变化，企业管理者自发地实施扁平化管理，以提高决策效率
有组织的创新	指企业的管理者根据创新的客观要求和创新活动的客观规律，有组织地检查外部环境和内部状况，寻求并利用创新机会，计划并组织的创新活动

（四）根据发生时期分类

根据发生时期的不同，管理创新分为创建期的创新和发展期的创新。

企业的创建本身就是一项创新活动。在创建期，企业的创建者需要运用创新的思想和意识，确定企业的目标、结构、发展规划等，以最合理的要素组合方式创造出新企业，并使新企业能够健康地发展。

在发展期，为了适应外部环境的变化和自身发展的需求，企业仍要进行大量的创新活动。这要求管理者在企业运行的过程中，不断地寻找、发现和利用创新机会，更新企业的生产方法，调整企业的结构模式，扩大企业的规模效应。

任务实施

2～4 人一组，利用互联网，搜索“华为的创新之路”，分析华为在技术方面是如何创新的，总结华为的技术创新给其他企业带来的启示。

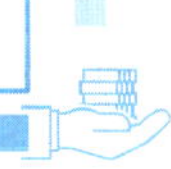

任务二　实施管理创新

任务导入

某汽车公司的柔性化生产

在某汽车公司的发展历程中，柔性化生产已经成为该公司的显著特征。在几乎所有的汽车工厂都是采用“一种车型、一个平台、一条流水线、一个厂房”的制造方式时，唯有该汽车公司用一条生产线生产四种车型。这种制造方式有助于节约时间和成本，增加利润，从而帮助该汽车公司迅速占领市场。

之后，该汽车公司又开发了严格而规范的采购系统、科学而严密的物流配送系统、以客户为中心的客户关系管理系统等，这些系统共同构成了其柔性化生产的支撑体系。该公司也由此成为柔性化生产的范例。

【思考题】

1. 该公司主要在哪方面进行了创新？
2. 该公司实施管理创新具有哪些意义？

一、管理创新的实施方向

管理创新的内容包括经营思路创新、企业目标创新、企业文化创新、企业制度创新、组织结构创新、管理方式创新和企业技术创新，企业可从这几个方向实施管理创新。

（一）经营思路创新

企业能否健康发展，根源在于企业的经营思路是否科学、合理。企业如果想要在激烈的市场竞争中获得可持续发展，就必须在经营思路上进行创新，并付诸实践。经营思路的创新主要包括以下方面：新的经营理念及其推行、新的经营方针和战略、新的经营

策略、新的资本运营思路、新的生产经营思路和新的企业发展方式。

（二）企业目标创新

企业在一定的经济环境中从事经营活动，需要根据经济环境的变化，不断地进行目标创新。概括来讲，企业需要做到以下两个方面：第一，根据外部环境和政策的变化，相应地调整企业的总体经营目标及企业在生产过程中与其他社会经济组织的关系；第二，根据市场需求的变化，适时调整企业在各个时期的具体的经营目标。

（三）企业文化创新

企业文化在企业管理中的作用越来越突出。当企业的经营思路、目标随着环境的变化而变化时，企业文化也必须相应地创新，这样才能避免企业文化落后给企业发展带来阻碍。企业应在遵循企业发展规律的基础上，坚持“源于历史、着眼现在、展望未来”的原则，分层次、分阶段进行文化创新。具体来说，企业需要建立积极向上、传承不息的企业文化，使员工产生强烈的认同感，并养成持久创新的价值观，从而激发员工的创造力，增强企业的凝聚力，提升企业的形象。

中国石化的企业文化

课堂讨论

举例说明企业文化建设的重要性和意义。

（四）企业制度创新

企业制度创新是企业根据自身发展的需要，从社会经济的角度来分析、调整和变革企业中各部门、各成员间的关系。企业制度主要包括产权制度、经营制度和管理制度，其含义及创新方向如表 8-4 所示。

表 8-4　企业制度创新的含义及创新方向

企业制度	含义	创新方向
产权制度	决定企业其他制度的根本性制度，规定企业所有者应有的权力、应得的利益和应负的责任	寻求企业资产的“个人所有”与“共同所有”的最佳组合
经营制度	规定经营权的归属及其行使条件、范围、限制等	寻求企业生产要素的最佳利用方式
管理制度	指行使经营权、组织企业日常经营的各种具体规则的总称，包括对材料、设备、人员、资金等各要素的取得和使用的规定	使企业各成员的才能得到充分发挥

（五）组织结构创新

组织结构是企业运行的基础，应随着企业自身发展的需要和外部环境的变化不断调整。组织结构创新主要涉及以下几个方面：组织结构的柔性化设计、集权与分权的调整、部门机构及岗位职权的重新设置、信息网络的重构和人际关系的调整。

（六）管理方式创新

管理方式是企业在资源整合过程中所使用的方法，直接影响企业资源的有效配置。随着知识经济的发展和管理信息技术的应用，管理方式创新的形式越来越多样。

管理方式创新的形式主要包括以下几个方面：新的领导方式，新办公设备的使用，管理信息技术的应用和生产、经营、服务等方面的管理方法的创新。

案例拓展

国药控股吉林有限公司是国药集团的三级公司，主要负责吉林省的医药分销业务。近年来，该公司的经营成本逐年上涨，药品分销的毛利率进一步下降，盈利空间逐渐收窄。该公司财务部门在财务总监的领导下，根据客户的实际情况创建了客户价值度分析模型。公司借助该模型可以确定不同类别客户的贡献价值并深度分析其价值，为营销决策与经营研判提供依据。

国药控股吉林有限公司通过应用客户价值度分析模型，取得了以下成效：下属子公司的净利率明显提升，销售费用率和管理费用率均下降；客户的应收账款周转天数减少。除了改善以上经济指标外，客户价值度分析模型在优化组织职能、提升工作效率与团队能力等方面也起到了十分重要的作用。

（资料来源：杨珊华、李旻、佟士玲、柳林，《国药集团精准推进财务管理制度创新的案例与启示》，《中国管理会计》，2022 年第 4 期）

（七）企业技术创新

从生产过程来看，企业技术创新主要表现在要素创新、要素组合创新、产品创新等方面。

1. 要素创新

要素创新包括材料创新和设备创新。

1）材料创新

材料创新主要包括开辟新的材料来源或寻找现有材料的新用途，以满足企业扩大再生产的需求；开发和利用量大、价低的普通材料，以替代量少、价高的稀缺材料，降低产品的生产成本；改造材料的质量和性能，以提高产品质量。

2）设备创新

设备创新就是对生产设备的改造和更新，对于保证产品质量、降低材料消耗、提高劳动生产率等具有重要的意义。设备创新主要包括使用新的生产设备，提高生产的机械化和自动化程度；利用先进的科学技术成果，改造和革新原有设备，以延长其使用寿命、提高其效能。

2. 要素组合创新

要素组合创新包括生产工艺创新和生产过程组织创新。

1）生产工艺创新

生产工艺创新包括技术工艺的改革和操作方法的改进。技术工艺是企业制造产品的总体流程和方法，操作方法是劳动者利用生产设备在具体环节对原材料、零部件或半成品加工的方法。技术工艺和操作方法的创新，既要求企业在设备创新的基础上改善产品制造的工艺过程，又要求企业不断地研究和改进具体的操作技术，使生产过程更加合理。

2）生产过程组织创新

生产过程组织是生产设备、在制品和劳动力在空间上的布局和时间上的组合。空间布局影响人机配合和生产效率，时间组合影响生产成本和生产周期。不断优化生产过程组织，有利于提高生产效率，降低生产成本，缩短生产周期。

3. 产品创新

产品创新主要包括产品功能创新和产品形式创新。

1）产品功能创新

产品功能创新是指企业改善现有产品的基本性能，提升产品的附加值，使其性能更完善，使用起来更安全，从而更具市场竞争力。

2）产品形式创新

产品形式创新是指企业通过对产品的形状、颜色等进行创新，创造出更具时代与文化气息的产品，从而赢得市场的认可和消费者的喜爱。

知识视窗

产品形式创新主要是为了与同类产品形成差异，其对企业的自主研发能力、综合实力等方面的要求相对较低，十分适合中小企业开展。产品形式创新的方式较多，常见的有以下几种：① 形状的创新，如以猫爪形的马克杯取代传统圆柱形的马克杯；② 颜色的创新，如以原木色的卫生纸取代白色的卫生纸；③ 包装的创新，如以立体拼图式包装的月饼礼盒取代普通包装的月饼礼盒。

二、管理创新的实施过程

一般而言，管理创新要经过以下几个阶段：产生管理创新愿望、进行管理创新定位、形成管理创新方案、实施管理创新方案和评估与总结管理创新成果。

（一）产生管理创新愿望

管理创新愿望的产生情形一般分为两种：一是环境诱发型，即在外部环境的刺激下，特别是在市场竞争加剧的情况下，竞争压力促使企业发挥创新机制，企业内部形成浓厚的创新氛围，从而激发管理者的创新愿望；二是自我发动型，即由于企业发展受阻，或者企业存在创新的内在要求，管理者产生创新愿望。

在这一阶段，各级管理人员从自身角度寻求创新方向，在产生了创新思路，且创新思路得到上级管理人员的认可后，才能付诸行动。因此，企业要加强各级管理人员之间的沟通，以确保各级管理人员的创新思路能被上级管理人员知晓和理解。

（二）进行管理创新定位

对于粗略的管理创新愿望，企业可以先讨论再评估；对于具体的管理创新愿望，企业必须深入、细致地开展研究与分析，认真评估管理创新活动的必要性和可操作性，并在此基础上确定管理创新的目标、具体领域及相关负责人。

（三）形成管理创新方案

本阶段是决定管理创新能否成功的关键阶段。管理者可以利用头脑风暴法等方法，提出解决问题的具体构想，并在已经确定的管理创新原则、管理创新目标等约束条件下，开展管理创新方案评估与筛选活动，最终形成一个具有可行性的详细的管理创新方案。

（四）实施管理创新方案

在这一阶段，企业需要注意两点：一是在管理创新目标的指导下实施方案，以防管理创新活动失去控制；二是关注管理创新方案的实施情况及相关人员的反馈，及时修正管理创新方案中不合实际的地方。

（五）评估与总结管理创新成果

管理创新方案经过一段时间的贯彻落实后会产生管理创新成果，主要表现为企业产生新的管理方式。这时企业应对其进行评估与总结，以识别成功和失败的因素，为未来的管理创新活动提供指导。此外，企业还应与市场领先者做比较，进一步发现差距，推动管理创新活动向更深层次发展。

任务实施

某企业想要研发一款扫地机器人，要求该机器人具备全新的功能和较强的市场竞争力。2～4 人一组，为扫地机器人设想一项或多项新的功能。

项目实训——为A公司设计管理创新方案

一、实训背景与内容

（接项目七的项目实训）A公司旗下的餐厅虽然暂时在市场上站稳了脚跟，但企业发展如逆水行舟，不进则退。因此，公司总经理计划培养全体员工的创新意识和创新精神，积极寻找餐厅运营中的各种创新之道，以期进一步提升餐厅的竞争力。

A公司决定开展以“管理创新”为主题的活动，鼓励员工提出有价值的管理创新方案。全体员工可以从经营思路、企业文化、组织结构、管理方式等方面提出创新性建议，如传承中国风味、打造氛围感、推动“餐饮+食品”双轮驱动布局等，突出餐厅的特色，提升就餐者的就餐体验。

请结合餐饮行业的发展趋势，帮助员工黄某制作一个PPT，阐述A公司的管理创新方案。

二、实训目的

通过本次实训，加深对管理创新知识的理解，提高管理创新能力。

三、实训步骤

（1）分组、分工。3～6人一组，选出组长。组长结合小组成员的特长，确定任务分工。将小组成员及分工情况填入表8-5中。

表8-5　小组成员及分工情况

班级：　　　　组号：　　　　教师：

小组成员	姓名	学号	任务分工
组长			
组员			

（2）制订管理创新方案。结合现有餐饮行业的新模式，提出适合本企业的管理创新思路。

（3）制作PPT。将管理创新方案以PPT的形式展示出来，PPT页数不少于15页。

（4）演讲汇报。以抽签的方式确定汇报顺序，组长上台汇报本组分析结果，教师和其他同学可以提问或发表意见。

（5）各小组互评并打分。

（6）教师点评并打分。

四、实训评价

各小组配合教师完成如表 8-6 所示的实训评价表。

表 8-6　实训评价表

<table>
<tr><th rowspan="2">评价指标</th><th rowspan="2">评价标准</th><th rowspan="2">分值</th><th colspan="3">评价分数</th></tr>
<tr><th>自评</th><th>互评</th><th>师评</th></tr>
<tr><td rowspan="4">综合素质（30%）</td><td>具有团队精神，积极与他人合作</td><td>5</td><td></td><td></td><td></td></tr>
<tr><td>具有创新能力和自主探究学习的意识</td><td>5</td><td></td><td></td><td></td></tr>
<tr><td>学习态度认真，课堂表现积极</td><td>10</td><td></td><td></td><td></td></tr>
<tr><td>按时完成实训任务</td><td>10</td><td></td><td></td><td></td></tr>
<tr><td rowspan="6">知识与技能（70%）</td><td>掌握管理创新基础知识</td><td>10</td><td></td><td></td><td></td></tr>
<tr><td>了解餐饮行业的发展趋势</td><td>10</td><td></td><td></td><td></td></tr>
<tr><td>提出的管理创新方向符合实际情况</td><td>15</td><td></td><td></td><td></td></tr>
<tr><td>提出的管理创新方案具有可行性</td><td>15</td><td></td><td></td><td></td></tr>
<tr><td>汇报语言流畅、有条理</td><td>10</td><td></td><td></td><td></td></tr>
<tr><td>PPT 重点突出、详略得当、制作精美、图文并茂</td><td>10</td><td></td><td></td><td></td></tr>
<tr><td colspan="2">合计</td><td>100</td><td></td><td></td><td></td></tr>
<tr><td rowspan="2">总评</td><td rowspan="2">自评（20%）+ 互评（20%）+ 师评（60%）=</td><td colspan="4">学生（签名）：</td></tr>
<tr><td colspan="4">教师（签名）：</td></tr>
</table>

思考与练习

一、单选题

1．根据战略目标的不同，管理创新分为（　　）。

A．局部创新和整体创新　　B．自发的创新和有组织的创新

C．防御型创新和进攻型创新　　D．创建期的创新和发展期的创新

2．（　　）的创新方向是寻求企业生产要素的最佳利用方式。

A．经营制度　　B．管理制度

C．产权制度　　D．人力资源管理制度

3．利用先进的科学技术成果，改造和革新原有设备，以延长其使用寿命、提高其效能属于（　　）。

A．材料创新

B．生产工艺创新

C．设备创新

D．生产过程组织创新

二、多选题

1．管理创新的特征包括（　　）。

A．长期性　　B．效益性

C．创造性　　D．艰巨性

2．组织结构是企业运行的基础，应随着企业自身发展的需要和外部环境的变化进行调整。下列选项中，属于组织结构创新的有（　　）。

A．集权与分权的调整

B．部门岗位职权的重新设置

C．新的经营策略

D．组织结构的柔性化设计

3．产品创新包括（　　）。

A．要素创新　　B．产品功能创新

C．产品形式创新　　D．设备创新

三、判断题

1．管理制度规定了经营权的归属及其行使条件、范围、限制等。（　　）

2．企业的技术创新主要表现在要素创新、要素组合创新及产品创新。（　　）

四、简答题

1．简述管理创新的概念及特征。

2．简述管理创新的实施方向。

3．简述管理创新的实施过程。

五、案例分析题

某汽车制造企业的全员创新机制

某汽车制造企业一直贯彻培养所有员工的创新能力的人才培养与发展理念。该汽车制造企业在车间内单独划出了创新区，并在该区域摆满了车床、扳手、电钻等一系列生产工具及各式的钢板、钢管、轴承等原料和配件。一旦生产线上的工人有了特别的想法，他就可以来到创新区，使用这里的工具和材料验证自己的想法，不必支付任何费用，也不会有人追究他“擅离职守”的责任。

如果工人在验证过程中取得了能够改善现有汽车生产技术的成果，就可以通知技术人员和管理人员评估该项创新成果。一旦通过评估，该项创新成果就可能被应用到汽车生产线中，该工人也会获得现金奖励。即使创新没能成功，工人也可以将半成品放在创新区，然后在上面贴上字条，把想法和困难写在上面，以供其他人继续研究。

（资料来源：俞燕、王莺、李巧玲，《现代企业管理》，人民邮电出版社，2021 年）

思考：

（1）该汽车制造企业实施全员创新机制有什么意义？

（2）该汽车制造企业的全员创新机制属于管理创新的哪个方向？

参考文献

［1］李文莲．企业战略管理［M］．北京：机械工业出版社，2024．

［2］栾琪文．现代汽车维修企业管理实务［M］．5 版．北京：机械工业出版社，2024．

［3］吴培培，江江．市场调查与预测［M］．上海：复旦大学出版社，2023．

［4］王关义，刘益，刘彤，李治堂．现代企业管理［M］．6 版．北京：清华大学出版社，2023．

［5］刘建华．现代企业管理实物［M］．微课版．北京：人民邮电出版社，2023．

［6］秦敏．现代企业管理［M］．2 版．北京：中国人民大学出版社，2022．

［7］俞燕，王莺，李巧玲．现代企业管理［M］．慕课版．北京：人民邮电出版社，2021．